Beltz Taschenbuch 117

W0178795

Über dieses Buch:
Von ersten Ahnungen der Rätselhaftigkeit der Welt und der Unergründlichkeit ihres Daseins ergriffen, beginnen Kinder schon früh,
»über Gott und die Welt« nachzudenken und Fragen zu stellen. Fragen,
die, nur scheinbar harmlos oder naiv, ein tiefes Nachdenken über fundamentale Probleme verraten. Aber wie gehen Erwachsene mit solchen
Fragen um? Versuchen wir, sie so ernst zu nehmen, wie sie es verdienen
oder reagieren wir mit einem ungeduldigen »Frag nicht so viel« oder
»Das verstehst du noch nicht«? Hans-Ludwig Freese, der die These vertritt, daß Fragen das Denken in Bewegung halten, während Antworten
zum Stillstand führen, gibt in seinem Buch viele Beispiele von »Kinderphilosophie«, um dabei erstaunliche Gemeinsamkeiten mit den Ausführungen von »großen« Philosophen zu entdecken.
Ausführlich stellt er die entwicklungspsychologische Bedeutung der
kindlichen Fragen und ihres philosophischen Denkens in verschiedenen
Entwicklungsstufen dar und gibt zudem Hilfestellung, sich auf das
Abenteuer eines philosophischen Diskurses mit Kindern einzulassen.
Hinweise, wie wir das Philosophieren mit Kindern anregen können,
schließen das Buch ab.

Der Autor:
Hans-Ludwig Freese ist emeritierter Professor für Pädagogik an der FU
Berlin. Einer seiner Arbeitsschwerpunkte ist bis heute die pädagogisch-
psychologische Beratung. Seit 1984 leitet er Philosophie-Kurse außerhalb der Schule für besonders interessierte Kinder im Alter zwischen 8
und 14 Jahren.

Hans-Ludwig Freese

Kinder
sind
Philosophen

Beltz Taschenbuch 117
2002 Weinheim und Basel

1 2 3 4 5   06 05 04 03 02

© 1989 Beltz Quadriga Verlag, Weinheim
Umschlaggestaltung: Federico Luci, Köln
Umschlagfoto: Getty Images Deutschland, München
Gesamtherstellung: Druckhaus Beltz, Hemsbach
Printed in Germany

ISBN 3 407 22117 7

Inhalt

I
Staunen und Denken

Christa Wolf erzählt in ihrem Roman »Der Störfall« (1987), was sie von ihrer Tochter über ihren Enkelsohn erfährt: »Er sause den ganzen Tag mit dem Fahrrad draußen rum... Übrigens beschäftige er sich gerade mit den letzten Fragen des Daseins. Heute zum Beispiel habe er, auf dem Klo sitzend, seinen Vater durch die Tür gefragt: Papa, wie kommt eigentlich die große Klotür in mein kleines Auge rein? – Erbarm dich! habe ich gesagt. Und weiter? – Natürlich habe sein Vater ihm daraufhin eine exakte Zeichnung angefertigt: die Klotür, das Auge, in dem die Lichtstrahlen sich kreuzen, der Weg über den Sehnerv zum Sehzentrum im Gehirn. Und daß es die Sache des Gehirns sei, das winzig kleine Abbild im Bewußtsein des Empfängers wieder auf normale Klotürgröße zu bringen. – Und? Hat er sich zufriedengegeben? – Du kennst ihn doch. Weißt du, was er gesagt hat? Er hat gesagt: Und wie kann ich sicher sein, daß mein Gehirn mir die Klotür wirklich auf die richtige Größe bringt? – Tja, habe ich nach einer Pause gesagt. Du, übrigens: Wie kann man da wirklich sicher sein? – Jetzt hör du aber auf, hat meine ältere Tochter mich zurechtgewiesen..«.

Hier ist ein vielleicht fünfjähriges Kind in seinem Nachdenken über die Rätselhaftigkeit der Welt auf ein Problem gestoßen, das große Denker seit der Antike bis auf den heutigen Tag umgetrieben hat und den modernen Neurophysiologen und Wahrnehmungspsychologen die Grenzen ihrer Wissenschaft bewußt werden läßt. Was hier dem jungen Denker dämmert, ist die Kluft zwischen der physischen Außenwelt und unserem Bewußtsein von ihr, von Erscheinung und Wirklichkeit. Er staunt darüber, wie aus körperlichen Vorgängen in Sinnesorganen und Gehirn erlebte Welt wird. Das Problem, daß wir ein Ding in seiner »richtigen« Größe sehen, obwohl das tatsächliche Reizmuster auf der Netzhaut davon so verschieden ist, und die Frage, wie die »inneren Bilder« nach draußen kommen, hat in der Geschichte der Philosophie viele Vorschläge zu seiner Lösung hervorgebracht, die, je geistreicher sie ausfielen, das Geheimnis nur immer größer erscheinen ließen.

Um anzudeuten, daß sich hinter der Frage des fünfjährigen Jungen ein gewaltiges Problem verbirgt, verweise ich beispielhaft auf einige Philosophen. Da ist der griechische Arzt und Naturphilosoph Galen, der genauso fragte: »Wie kommt ein großes Haus ins kleine Auge hinein?« und befand, daß der Geist im Menschen, das Pneuma, das Bild der Gegenstände »verkleinere«. Descartes, von der Frage beunruhigt, wie unsere Bewußtseinsinhalte mit den physischen Dingen übereinstimmen, glaubte darauf vertrauen zu können, daß es einen Gott gebe, der uns über die wahre Natur der Dinge nicht täuschen wird. Nicola Malebranche, ein bedeutender französischer Philosoph des 17. Jahrhunderts, hat dieses Problem in der Auseinandersetzung mit Theorien der Scholastik weiter differenziert und es zum Ausgangspunkt weitreichender metaphysischer Spekulationen gemacht. Seine Überlegungen führen ihn dazu, »natürliche«, uns nicht bewußte Sinnesurteile zu postulieren, die die Reizmuster auf der Retina auf die »richtige« Größe bringen. Zur Vergegenwärtigung von Körpern im Bewußtsein muß es Vorstellungen oder Ideen von ihnen als ausgedehnten Dingen geben, die zwischen den Objekten und ihrer Wahrnehmung vermitteln. Wir nehmen Malebranche zufolge Körper nicht direkt wahr, sondern leben in einer intelligiblen Welt von Ideen, von Archetypen von Körpern, nach denen Gott die Welt erschaffen hat. »Nur in Gott sehen wir alle Dinge«.

Manch einer, der zuzugeben bereit ist, daß hier in der Tat ein Fünfjähriger eine ernstzunehmende philosophische Intuition gehabt hat, könnte dies als einen Ausnahmefall ansehen. Was sollen Kinder denn mit dem schwierigen und ernsten Geschäft der Philosophie zu schaffen haben? Sind grübelnde und sinnierende Kinder nicht verkopfte Frühreife, die sich um den Genuß ihrer Kindheit bringen oder von ehrgeizigen Eltern darum gebracht werden? Verfügen Kinder vor der Pubertät überhaupt über die notwendigen geistigen Fähigkeiten und Erfahrungen?

Kritische Anfragen dieser Art zur These im Titel dieses Buches verdienen es, ernst genommen zu werden! Aber sind nicht seit je hellhörige Eltern und Lehrer auf erstaunliche, »frühreife« Bemerkungen und Fragen von Kindern aufmerksam geworden, die ein tiefes Nachdenken über fundamentale Probleme verraten? Haben es nicht die scheinbar harmlosen, aber auf den Grund der »Dinge« zielenden Fragen von Kindern oft »in sich«? Haben wir vielleicht ein ideologisch verkürztes Bild von dem, was wir in unserer Kultur für »kindgemäß« halten? Ist andererseits das philosophische Denken der Erwachsenen nicht der nie abschließend gelingende Versuch, mit den naiven Fragen der Kinder fertig zu werden? Sind Philosophen gar Leute, die sich ein Stück kindlicher Naivität ins Erwachsenendasein herübergerettet haben und deren Geschäft darin besteht, nach Antworten auf kindliche Fragen zu suchen?

Wie man sieht, teile ich das Laster der großen und kleinen Philosophen, Fragen über Fragen zu stellen, Fragen lieber zu haben und ernster zu nehmen als die möglichen Antworten darauf. Die Fragen halten das Denken in Bewegung, die Antworten führen gewöhnlich seinen Stillstand herbei. Wittgenstein hat einmal gesagt, er könne sich eine ganze Philosophie nur aus Fragen vorstellen! Doch wie gehen wir Erwachsenen mit den Fragen unserer Kinder um? Sind wir uns immer der Kostbarkeit dieser Hervorbringungen des kindlichen, eines noch zum Staunen, sich Wundern fähigen, noch nicht in den Verkrustungen der Gewohnheit erstarrten und an Wissen übersättigten, blasierten Geistes bewußt?

Wie oft tun wir Erwachsene die Fragen unserer Kinder

leichthin als naiv und kindisch ab, ohne auch nur den mindesten Versuch zu machen, sie so ernst zu nehmen, wie sie es verdienen! Häufig genug mangelt es uns auch an Geduld, auf die Fragen des Kindes einzugehen. Oder es fällt uns lästig, und wir versuchen, es mit einem ungeduldigen »Frag' nicht so viel!« oder »Das verstehst Du noch nicht, das erkläre ich dir später!« zum Schweigen zu bringen. Was erzählt man sich doch im Schweizer Kanton Bern? Ein kleines Mädchen habe gefragt: »Muetti, hets hingerem Gurte (Gurtenberg) au Lüt (Leute)?« »Chind, mir wei (wollen) nit grüble!« Ist eine derartige »unpädagogische« Reaktion nicht bisweilen auch Abwehr, weil wir den Fragen des Kindes nicht gewachsen sind? Oder weil sie uns mit unseren eigenen »verdrängten« metaphysischen Ängsten und moralischen Zweifeln konfrontieren? Manche Erwachsenen erleben die Fragen ihres Kindes wie eine Prüfungssituation, in der Gefühle der Verlegenheit und Hilflosigkeit entstehen, sie haben Angst, vor dem Kind das Gesicht zu verlieren. Sie glauben, dem Kind immer die »richtigen« Antworten »geben« zu müssen, und kommen nicht auf den Gedanken, sich zusammen mit dem Kind auf die Suche nach möglichen Antworten zu machen, die Fragelust anzufachen, statt sie durch zudeckende Antworten zu ersticken und damit die Neugier und das Staunen, »die Sehnsucht nach Wissen« (Thomas von Aquin), wachzuhalten!

Wie reagieren die Erwachsenen in Christa Wolfs Bericht über den gewiß alltäglichen Vorgang, daß ein Kind philosophisch gehaltvolle Äußerungen macht? Der Vater, pädagogisch aufgeklärt und wissenschaftlich gebildet, verhält sich in dieser Situation einigermaßen typisch und gewiß ehrenwert: »Natürlich habe sein Vater ihm daraufhin eine exakte Zeichnung angefertigt...«, wie Christa Wolf mit einem Anflug von Ironie anmerkt. Er akzeptiert die Frage seines Jungen »Wie kommt eigentlich die große Klotür in mein kleines Auge rein?« als eine vernünftige Frage, hinter der sich für ihn „nur" ein naturwissenschaftliches Problem verbirgt, das mit Hilfe der Gesetze der Optik leicht zu lösen ist. Er hält sich nicht mit Rückfragen auf, um den Problemhorizont des Fragestellers auszumessen und womöglich zu erweitern, er hört nur das aus der Frage des Kindes heraus, wofür er eine Antwort bereithält; für ihn ist das Problem des Kindes eindeutig. Es rastet bei ihm die Antwort auf ein vermeintliches Allerweltsproblem sozusagen automatisch ein, und er macht sich umstandslos daran, – sicher mit einigem didaktischen Geschick – den Sachverhalt wissenschaftlich redlich zu erklären. Dozierend ist er in seinem Element. Das Kind hört sich die Erklärungen des Vaters geduldig an; ob es »wirklich« verstanden hat, ob es in Ermangelung des dazu notwendigen physikalischen Hintergrundwissens verstehen konnte, ist fraglich.

In der Regel sind Kinder von derartigen Belehrungen der Erwachsenen so eingeschüchtert, daß sie keine weiteren Fragen mehr zu dem sie gerade bewegenden Problem stellen. Sie tun dies gewöhnlich auch schon deswegen nicht, um nicht einen weiteren Redeschwall, der sie zur Passivität verurteilen würde, über sich ergehen lassen zu müssen. Denn allzu oft belehren die Erwachsenen sie, zudem über Dinge, die die Kinder gar nicht wissen wollen.

In der von Christa Wolf geschilderten Episode nimmt der kleine Junge noch nicht die in solchen Belehrungssituationen für ältere Kinder typische resignative Haltung ein; er ist noch unverbildet genug, um selbst zu denken. Mit der Antwort, die der Vater ihm zuteil werden läßt, gibt er sich nicht zufrieden, sondern beharrt auf dem Punkt, auf den es ihm von Anfang an angekommen zu sein scheint, auf seinen Ahnungen über die philosophischen Geheimnisse der menschlichen Wahrnehmung. Die scheinbar harmlose Frage: »Wie kann ich sicher sein, daß mein Gehirn mir die Klotür wirklich auf die richtige Größe bringt?« fordert eine philosophische Untersuchung und nicht eine naturwissenschaftliche Erklärung, so wertvoll eine solche als Vorspiel für die eigentlich philosophische Erörterung auch sein mag. Für Kinder sind die »letzten« Fragen auch der Naturwissenschaften häufig ihre ersten.

Viel zu bald wird unser kleiner Junge dem von der Schule genährten Glauben erliegen, daß die Wissenschaft auf alle Fragen gültige Antworten – mindestens potentiell – bereithält.

Er wird vielleicht auch dem unter Schulkindern verbreiteten Wissenschaftsaberglauben erliegen und die Fähigkeit zu staunen sowie die ursprüngliche Fragelust bald einbüßen. Kaum von dem Wahn befreit, die Erwachsenen seien allwissend, wird er mit seinem blinden Glauben, die Wissenschaft habe alle Welträtsel gelöst, halte auf alle Fragen fertige Antworten bereit oder sei zumindest auf dem besten Wege dahin, schnell in eine neue Abhängigkeit von geistigen Autoritäten hineingeraten: »Wer glaubt, gehorcht, des Fragens sich bescheidet, als frommes Kind sein Plätzchen Wiese weidet, dem wird wohl nimmer mit dem Futtergrase die Wahrheit freundlich wachsen vor die Nase« (Nicolaus Lenau, 1836).

Indem der Vater die philosophische Dimension der Frage »Wie kommt die große Klotür in mein kleines Auge« nicht sieht oder nicht hat sehen wollen, vergibt er eine Chance, mit seinem Sohn ein Gespräch über ein nichttriviales Problem zu führen, das für ihn eine nicht minder große intellektuelle Herausforderung dargestellt hätte als für das Kind. Er hat eine Gelegenheit verpaßt, mit Hilfe seines kindlichen Gesprächspartners ein tieferes und klareres Problemverständnis und möglicherweise neue Einsichten zu gewinnen. Er hätte die beglückende Erfahrung einer geistigen Gemeinschaft mit seinem Kind auf der Grundlage intellektueller Ebenbürtigkeit machen können.

Die Großmutter bei Christa Wolf beweist dagegen, daß Erwachsene auf Äußerungen von Kindern, die eine tiefere Ergriffenheit von den »letzten Fragen des Daseins« verraten, auch anders reagieren können. Ihr versperrt nicht das Vorurteil, von Kindern sei nur eitel Einfalt und Unverstand zu erwarten, das Nachdenken über die kindliche Äußerung. Sie hört aus der Frage ihres Enkels das philosophische Problem heraus. Die Frage des Jungen gibt ihr ein Rätsel auf und macht sie betroffen: »Du, übrigens, wie kann man da wirklich sicher sein?« Vielleicht ist die Frage des Kindes für sie ein Anlaß, über etwas nachzudenken, was ihr bislang selbstverständlich war und nun auf einmal problematisch wird. Geistige Offenheit und Sensibilität für das sich hinter dem scheinbar Selbstverständlichen verbergende Geheimnis bewahren sie vor intellektueller Herablassung und flößen ihr Respekt vor dem kindlichen Geist ein.

Wie hätte nun aber der Vater auf die Frage des Kindes »Wie kann ich sicher sein, daß mein Gehirn mir die Klotür auf die richtige Größe bringt?« reagieren können? Er hätte zunächst einmal durch behutsames Rückfragen und aufmerksames Zuhören etwas darüber erfahren können, wie sein Kind sich den Prozeß der Wahrnehmung »zurechtlegt«, welche »Theorien« es dazu spontan entwickelt. Hört man Kindern vorurteilslos und aufmerksam zu, erfährt man unter Umständen Erstaunliches, etwas, das Zeugnis davon ablegt, wie Kinder mit den Wissenselementen, die ihnen zur Verfügung stehen, »stimmige« Sinnstrukturen aufbauen. Das Kind hat eine schier unbegrenzte Fähigkeit, sich einen Reim auf das Ungereimte, Rätselhafte und Staunenerregende seiner inneren und äußeren Erfahrungen zu machen. Es gelingen ihm bisweilen Sinnschöpfungen und Erklärungen, die denen ähneln, die in der Geschichte des menschlichen Denkens einen herausragenden Platz einnehmen. Z. B. erinnert sich eine junge Frau: »Früher dachte ich immer, im Gehirn sitzt ein Gehirnmännchen, das zeigt dem Auge alle die Bilder vor, nämlich ich dachte, die Augen sehen auch nach innen« (Ch. Bühler, Kindheit und Jugend). Sie hat damit als Kind eine Vorstellung entwickelt, die der eines Leibniz zu demselben Problem im Kern ähnlich ist. Diese Vorstellung eines Kindes ist also alles andere als »absurd« und »abwegig«, sie ist weitaus tief-sinniger als etwa die philosophisch wirklich naiven Widerspiegelungstheorien, denen die meisten »aufgeklärten« Erwachsenen anhängen! Wir haben umso weniger Grund uns über das Ahnungsvermögen und die Gedankenarbeit des Kindes zu belustigen, je mehr Verständnis wir für seine spontanen Sinndeutungen aufbringen. Und wenn wir noch Parallelen dazu aus der Geschichte der Philosophie ziehen können, schlägt unsere anfängliche Herablassung vielleicht in ehrfürchtige Bewunderung um.

Der Vater unseres kleinen Jungen in der Episode, die Christa Wolf erzählt, hätte dem Staunen des Kindes, seiner Nachdenklichkeit und seinem fruchtbaren Zweifel vielleicht dadurch noch Nahrung geben können, daß er ihn in mögliche Wahrnehmungswelten von Tieren oder auf das Feld der Wahrnehmungstäuschungen geführt hätte, die Kinder ungemein faszinieren, weil sie in das Zentrum ihres Problems hineinragen, was »wirklich« ist, wie wir etwas über die Wirklichkeit der Welt durch die Erscheinungen hindurch wissen können. »Wem nicht zu Zeiten die Menschen und alle Dinge wie bloße Phantome oder Schattenbilder vorkommen, der hat keine Anlage zur Philosophie« (Schopenhauer) – danach wären Kinder natürliche Philosophen, denn ihnen ist das Gefühl der »Irrealität der Welt«, die Vorstellung, die Welt existiere nur in ihrem Kopf, besonders vertraut.

Kinder haben bisweilen überraschende philosophische Einsichten, in denen man im Kern die Gedanken der großen Philosophen wiederfindet. Toni drückt einen Gedanken von Anselm von Canterbury aus, wenn er von Gott sagt: »Er ist sooo groß, soooo groß – er ist eine Idee«. Günther schließt aus dem Satz, daß Gott alles geschaffen habe: »Wie merkwürdig, daß sich Gott selbst geschaffen hat«, womit er den Gedanken Augustins, Gott sei causa sui, Ursache seiner selbst, ausspricht. Nicola befindet, daß alles zu wissen und zu besitzen, was man wolle, dem Leben jeden Reiz nähme, ähnlich wie Heraklit, von dem das Wort überliefert ist: »Für die Menschen wäre es nicht besser, wenn ihnen alles zuteil wird, was sie wollen«. Stefanies Gedanken: »Vielleicht träumen wir nur, daß wir leben, und wenn wir tot sind, träumen wir, daß wir tot sind« läßt sich an die Seite von Gedanken der Vorsokratiker, Descartes' und neben vielen anderen Schopenhauers stellen, der gesagt hat: »Aller Menschen Leben sind nichts anderes als die Träume im Todesschlaf. Ob aber das Ende des Lebens eines jeden nur der Übergang aus einem wilden Traum in den anderen, oder ob er das Erwachen sei; das ist der megas agon des Platon, die moralische Bedeutsamkeit und Wichtigkeit des Lebens, die einzig ernste Seite unseres Thuns« (Manuskripte 1815). Julia fragt: »Woher weiß ich, daß ich existiere?« und gibt die Antwort: »Weil ich fühle, wie ich fühle, und denke, daß ich denke«. Wer denkt bei dieser Antwort nicht an ähnlich lautende Formulierungen von Aristoteles und Descartes! Den Gedanken eines amerikanischen Jungen vergleiche man mit einer Formulierung des neuplatonischen Philosophen Plotin: Der Junge fragt »Was ist das Verhältnis von Körper und Geist?« und findet: »Es ist wie das Verhältnis von Grapefruit zu dem Geschmack der Grapefruit«. Plotin hat dafür die Worte gefunden: »Wir möchten sagen: die Seele ist im Körper gegenwärtig wie das Licht in der Luft«.

Eine andere Episode: In seinem auch heute noch sehr lesenswerten Buch »Gespräche mit Kindern« aus dem Jahr 1928 gibt das Psychologenehepaar Katz das folgende Gespräch von Mutter (M) und Vater (V) mit dem damals fünfeinhalb Jahre alten Sohn T. wieder:

»T: Ist Gott geboren? M: Ich erzähl es dir, wenn du größer bist. T: Gott hat doch all die Menschen geschaffen, da muß er doch auch selbst geboren sein.(b) M: Gott ist nicht geboren und Gott stirbt nicht, er ist unhörbar und unsichtbar, wie, das erzähle ich dir, wenn du größer bist. T: Wenn Gott nicht stirbt, sterben alle Menschen nicht.(c) M: Das erzähle ich dir alles, wenn du größer bist. T: So etwas darf man nicht sagen, das ist ungezogen. V (streichelt ihn): Du bist ein kleiner Metaphysiker. T (überlegt eine Weile, sucht offenbar nach einem Schimpfwort, das er für den Metaphysiker zurückgeben kann): Du bist ein Krokodil!«

Katz hebt das brennende Interesse des Kindes an diesem Thema hervor und sieht darin zu Recht ein bedeutsames theologisches Gespräch: »Der Satz (c), der gewissermaßen die Umkehrung von (b) darstellt, ist in jedem System einer rationalen Theologie explizit oder implizit enthalten. Daß ihn bereits ein Kind von fünf Jahren zu formulieren vermag und zwar ohne äußere Anregung, allein aus eigener Spekulation, gibt doch stark zu denken! Es verletzt T., daß er auf die Fragen, die ihn beschäftigen, keine sofortige klare Auskunft erhalten soll, er möchte nicht auf später vertröstet werden und antwortet mit einem Scheltwort, über dessen Gleichwertigkeit mit der vom Vater benutzten Apostrophierung man im Zweifel sein kann«.

Aufmerksamen und verständigen Eltern und Lehrern ist schon immer aufgefallen, daß sich in manchen scheinbar naiven Fragen und Bemerkungen ihrer Kinder ein tieferes Nachdenken über Probleme äußert, die im weitesten Sinne als »philosophische« bezeichnet werden können: »Was war ich, bevor ich geboren wurde?«, »Hat die Zeit einen Anfang?«, »Was war, bevor Gott die Welt geschaffen hat?«, »Erlebe ich das, was ich jetzt erlebe, wirklich, oder ist das nur ein Traum oder wie im Film?«, »Wozu leben wir?«, »Können Tiere/Computer denken oder fühlen wie wir?« »Warum gibt es Leiden und das Böse auf der Welt?«, »Gibt es etwas, worüber ich ganz sicher sein kann?«, »Was ist ‹wirkliche Freundschaft›?«, »Muß man immer die Wahrheit sagen?«, »Was sind Gedanken?«, »Ist alles vorherbestimmt?«, »Existieren die Dinge auch, wenn ich nicht auf sie hinsehe?«, »Ist das Nichts wirklich?«, »Kann ich das Nichts denken oder mir vorstellen?«

Beliebig ließe sich die Liste derartiger Fragen und von Beispielen philosophisch gehaltvoller Äußerungen selbst oder vielmehr gerade von jüngeren Kindern erweitern. Dabei wird man sehr schnell gewahr werden, daß viele philosophische Probleme sich schon Kindern stellen oder anders herum, wie Milan Kundera sagt, alle wirklich wichtigen Fragen, Fragen, die nicht nur die Philosophen angehen, nur solche sind, die auch ein Kind versteht.

Kinder stellen solche Fragen nicht immer nur aus spielerischer Lust am Denken, sondern auch weil sie ihnen geradezu existentiell wichtig sind. Yael z. B. muß unbedingt mit dem Déjà-vu-Phänomen, dem Gefühl, man hätte eine bestimmte Situation genau so schon einmal erlebt, gedanklich ins reine kommen, weil diese Erfahrung etwas Beunruhigendes für sie hat, und Ronald läßt die Frage nicht los, ob es das Böse schlechthin gibt. Kinder lassen Erwachsene gewöhnlich nur an den wenigsten erkenntnistheoretischen, metaphysischen und ethischen Zweifeln und Sorgen, mit denen sie sich abmühen,

Einblick tun und Anteil nehmen. Diesbezügliche Gedanken sind offenbar häufig in der seelischen Binnensphäre angesiedelt und werden aus Scheu, man könne sich damit lächerlich machen oder zuviel ungeschützt von sich preisgeben, vor anderen geheimgehalten. Die Sorge etwa darüber, ob man »wirklich da sei«, ob man Teil der Welt sei oder die ganze umgebende Welt nur in der eigenen Vorstellung existiere, der Blick in die unbegreifliche Abgründigkeit der eigenen Existenz in gerade diesem Augenblick, Gedanken an den Tod oder moralische Zweifel können Kinder bisweilen quälen. Diese geistigen Nöte können für sensible Kinder zu einer seelischen Belastung werden, mit der sie allein nicht fertig werden, wie wir aus Erinnerung von Erwachsenen an ihre Kindheit, aber auch von Kindern selbst erfahren können.

Staunen, dieses beglückendste aller intellektuellen Gefühle, wissen schon Platon und Aristoteles, ist der Anfang der Philosophie, und wir können hinzufügen, durch die Beschäftigung mit ihr wird es kultiviert. Es sind nicht abstrakte philosophische Thesen, die das Denken über fundamentale Fragen ingangsetzen, sondern primäre metaphysische Erfahrungen und das Gefühl der unmittelbaren Perplexität über die Welt. Wiederholt bin ich in Gesprächen mit Erwachsenen, meist solchen, die selbst keinen Umgang mit Kindern hatten, auf die Meinung gestoßen, man dürfe Kinder durch den Philosophieunterricht nicht zu früh »verkopfen«, zu reinen Verstandesmenschen machen. Dahinter steht die Befürchtung, die Entfaltung der rationalen und reflexiven Fähigkeiten bei den Kindern ginge zu Lasten ihrer Gefühlswelt und des Gemüts, ihrer Phantasie und sinnlichen Erlebnisfähigkeit. Diese und ähnliche Befürchtungen vermag ich nicht zu teilen. Schon die ihnen zugrunde liegende, zugegeben unserer Kultur tiefeingefleischte Idee, Verstand und Gefühl schlössen einander aus, scheint mir lebensfeindlich. »Sie verbiegt alles, was sie berührt. Sie mechanisiert die Wissenschaft, sentimentalisiert die Kunst und stellt Ethik und Religion als Zwillingsbrüder des Gefühls und gedankenloser Hingabe hin; Erziehung...ist mittlerweile in zwei groteske Teile gespalten, gefühlloses Wissen und hirnlose Erregung... Emotion ohne Kognition ist blind, und Kognition ohne Emotion ist leer und nichtssagend« (Scheffler). Die Idee vom »Geist als Widersacher der Seele« (Klages) hat einer inneren Zerrissenheit und Selbstentfremdung des Menschen Vorschub geleistet, was sich bis in die geltenden Geschlechterrollenstereotype fortsetzt, nach denen der Mann rational, analytisch, sachlich denkt, die Frau hingegen gefühlsbetont, ganzheitlich und personbezogen.

Beim gemeinsamen Philosophieren werden vielfältige kognitive und andere Emotionen lebendig. Dazu gehören die charakterprägenden rationalen Leidenschaften wie Wahrheitsliebe, Toleranz, die Freude an scharfsinnigen Argumenten, Abscheu vor unklarem und verworrenem Denken, das Ergriffenwerden von der Größe eines Gedankens, das Erschauern vor dem Unbegreiflichen, die Lust am Spiel mit Gedanken. Die Klärung von Gefühlen kann ebenso rationale Prozesse einschließen wie das Denken durch Einschüsse des Vorrationalen an Schöpferkraft, an Weite und Tiefe gewinnt. Man muß selbst erlebt haben, mit welcher Gefühlsbeteiligung Kinder sich von für sie wichtigen Gedanken ergreifen lassen, um das Vorurteil zu überwinden, Denken und Fühlen schlössen einander aus, die Förderung des Denkens führe zu Kopflastigkeit oder führe gar zu Willensschwäche. »Ein Mensch ohne Verstand ist auch ein Mensch ohne Willen. Nur wer denkt, ist frei und selbständig« (Ludwig Feuerbach).

Wenn das Kind an dem Glauben festhält, die Erwachsenen wüßten schon alles Wissenswerte, so gut wie alle wichtigen Fragen seien schon beantwortet, man müsse die Antworten darauf nur fleißig lernen, wird es kaum mehr staunen und sich wundern. Es wird auch aufhören, den aus der Tiefe seiner Ahnungen und Zweifel aufsteigenden Fragen Gehör zu schenken. Vielleicht lassen wir auch in der von den Naturwissenschaften geprägten, rationalistischen und positivistischen Schule die natürliche Bereitschaft unserer Kinder verkümmern, sich von dem Wunder der Welt, der Unbegreiflichkeit unseres Hierseins und von der Frage, was das Leben wert macht, ergreifen zu lassen.

Die Wiederentdeckung der natürlichen Affinität des Kindes zur Philosophie hat weltweit ein reges Interesse an der »Kinderphilosophie« ausgelöst, was sich an der rasch zunehmenden Zahl der Veröffentlichungen zu diesem Thema, dem Erscheinen von Fachzeitschriften und internationalen Kongressen ablesen läßt. Vielerorts, in den USA und Europa, aber auch in der »Dritten Welt«, wird sondiert, was die Philosophie Kindern zu sagen hat und welche Rolle sie in Bildung und Erziehung spielen kann. Von dem amerikanischen Philosophieprofessor Matthew Lipman und seinem von ihm ins Leben gerufenen »Institut für die Förderung der Kinderphilosophie« sind in den letzten Jahren vielleicht die wichtigsten, zumindest aber nachhaltigsten Impulse dazu ausgegangen. Obwohl es schon in den Zwanziger Jahren vielversprechende Ansätze gegeben hat, die Philosophie auch in die »Volksschule« zu tragen, gebührt Lipman das Verdienst, in den USA dem Schulfach Philosophie auf allen Stufen der allgemeinbildenden Schule Anerkennung verschafft und viel für die theoretische und praktische Grundlegung der »Kinderphilosophie« getan zu haben.

Mein Interesse an Kinderphilosophie wurde aus mehreren Quellen gespeist; da gab es einmal die sicherlich jedem Menschen vertraute Erinnerung an die eigene Kindheit, dann Gespräche mit meinen eigenen Kindern, die Erfahrung mit der philosophischen Besinnungslosigkeit der Schule und schließlich das Drängen von Eltern besonders begabter und interessierter Kinder, ich möge doch Philosophiekurse außerschulisch anbieten. Ich gab diesem Drängen umso bereitwilliger nach, als sich mir damit die willkommene Gelegenheit bot, zunächst einmal Lipmansche Kursmaterialien selbst praktisch zu erproben. In unseren ersten Kursen – zwei Studenten der Philosophie und Pädagogik standen mir zur Seite – versammelten wir jeweils etwa zehn Kinder im Alter von 8 – 13 Jahren um uns. Als Einstiegstext für unsere philosophischen Gespräche diente uns Lipmans Büchlein »Harry Stottlemeiers Entdeckung«. Nachdem wir einige Sicherheit damit gewonnen hatten, reicherten wir unseren Unterricht mehr und mehr mit eigenen Themen und Texten an und gingen schließlich eigene Wege. Wir trafen uns mit unseren jungen philosophischen Mitstreitern jeweils etwa ein halbes Jahr lang für eineinhalb Stunden am Sonnabendnachmittag.

Es überraschte uns, daß die Kinder aus eigenem Antrieb regelmäßig erschienen, ohne daß sie die geringste Belohnung oder Noten zu gewärtigen hatten. Uns beeindruckte ihr Engagement, ihr Scharfsinn und ihre spekulative Phantasie bei der Erörterung der teilweise von ihnen selbst aufgeworfenen Probleme, ihr Ringen um größere geistige Klarheit, ihre Fähigkeit zur Führung eines rationalen Diskurses, ihre Bereitschaft, einander zuzuhören und im Gespräch voneinander zu lernen. Selten gingen wir Erwachsenen aus einer Sitzung heraus, ohne durch das Gespräch mit den Kindern bereichert und zu neuen Überlegungen angeregt worden zu sein. Und die Kinder erlebten es als befreiend, daß man in dieser »Untersuchungsgemeinschaft« wirklich einmal ohne den in der Schule üblichen Zeit- und Notendruck einem Problem auf den Grund gehen konnte und daß alle Meinungen – möglichst begründet, versteht sich –, die zu einer Frage geäußert wurden, Anrecht darauf hatten, sorgfältig geprüft zu werden. Der entscheidende Punkt für sie war jedoch, daß Probleme erörtert wurden, die für sie selbst wichtig und interessant, mehr als reiner Lernstoff waren. Natürlich ist in einer freien Untersuchungsgemeinschaft auch das Verhältnis der Erwachsenen zu den Kindern nicht mehr das von Lehrenden und Lernenden. Vielmehr sind potentiell alle voneinander Lernende, Gebende und Nehmende zugleich. Allein Argumente und weiterführende Einfälle zählen, nicht die Überlegenheit auf Grund von Wissen oder Autorität. Wittgenstein erinnert uns, Philosophie sei Tätigkeit, nicht eine Menge von Aussagen über die Welt – eine Tätigkeit, die sich im mitmenschlichen Gespräch erfüllt, im gemeinsamen Fragen, Nachdenken, Erwägen und Deuten. Die ideale Form dieser Tätigkeit hat uns der platonische Sokrates vorgelebt, die uns als Richtschnur dienen kann, wenn wir als Erwachsene mit Kindern Fragen erörtern, die auch für uns schwierig und niemals abgeschlossen sind.

Von unseren philosophischen Gesprächsrunden drang nach einiger Zeit über die Medien Kunde an die Öffentlichkeit, was einen wahren Ansturm auf die Kurse aus allen Teilen der Bevölkerung auslöste. Die Eltern begründeten ihr Interesse daran auf unterschiedliche Weise. Viele beklagten, daß die Schule zu wenig zu strengem und selbständigem Denken und kritischer Urteilsfähigkeit erziehe, insbesondere was den Umgang mit ethischen und weltanschaulichen Fragen angehe. Kinder mit besonders intensiven und weitgespannten geistigen Interessen kämen zu wenig zu ihrem Recht und seien oft unterfordert, was langfristig zu Beeinträchtigungen ihrer intellektuellen Möglichkeiten und zu einer Störung ihrer Persönlichkeitsentwicklung führen könne. Andere erwarteten von der Beschäftigung mit der Philosophie weniger eine – sicherlich auch willkommene – Denkschulung, ein intellektuelles Training gleichsam, sondern waren von der Sorge getrieben, im Raum der öffentlichen und privaten Erziehung wäre nach dem weitgehenden Verlust an religiös fundierter Daseinsorientierung ein Vakuum entstanden, dessen Ausfüllung sie von der Philosophie erhofften. Diese Eltern befürchteten, ihre Kinder wüchsen heute ohne festen geistigen und moralischen Halt auf und könnten der um sie herum grassierenden Oberflächlichkeit, dem Sinnverlust und den allgegenwärtigen geistigen Verführungen wie der politischen Propaganda, den neuen Jugendreligionen, der Gewaltverherrlichung, dem Rassismus, dem Okkultismus usf. zu wenig an geistig-moralischer Substanz entgegenzusetzen haben. Dahinter steht das altehrwürdige Bild von der Philosophie als Persönlichkeitsbildnerin, als Wegweiserin zu einem gelungenen Leben, als Trostspenderin in kritischen Lebenslagen, als Quelle der Kraft zum Leben und Sterben. Geistige Orientierung erscheint Eltern umso dringlicher schon in früher Jugend, je schwerer es den Heranwachsenden in der »pluralistischen Gesellschaft« mit ihrer Beliebigkeit und Gleichgültigkeit gegenüber möglichen Werthaltungen, Sinngebungen, Lebensformen gemacht wird zu entscheiden, was richtig und was falsch, was zu wählen und was zu meiden ist.

Das Verlangen nach philosophischer Bildung wird auch genährt von dem Eindruck, die Lehrpläne unserer Schule litten an einer beklagenswerten Zersplitterung; die Philosophie, deren Sinnen auf das Ganze der Welt gerichtet sei, könne hier vielleicht Abhilfe schaffen, in dem sie die vielen Teilansichten der Welt, die uns die Wissenschaften liefern, über grundlegende allgemeine Ideen oder gar durch den Entwurf von Weltbildern und Weltanschauungen miteinander verbinden könnte. Allgemeinbildung sei ohne eine philosophische Dimension nicht denkbar, und dies umso mehr, als Philosophie wieder »Konjunktur habe«, nachdem allerorten in Wissenschaft und Gesellschaft offenkundig geworden sei, wie wenig auf eine kompetente Bearbeitung allgegenwärtiger »philosophischer Probleme« in den Einzelwissenschaften verzichtet werden könne. Erinnert wird in diesem Zusammenhang etwa an die Rückbesinnung auf die Bedeutung der Ethik für die Naturwissenschaft und die Medizin.

Wie man sieht, sind die Erwartungen, die Eltern an Philosophiekurse, wie wir sie angeboten haben, knüpfen, vielgestaltig und hochgespannt; es wäre vermessen, den Anspruch zu erheben, ihnen allen und vollauf Genüge tun zu können.

Weil Eltern den »frühreifen« und »unkindlichen« Fragen und Bemerkungen ihrer Kinder oft hilflos und verlegen gegenüberstehen, erwarten sie in dieser Hinsicht alles von Dritten. Mit diesem Buch möchte ich den Eltern Mut machen, gemeinsam mit ihren Kindern über fundamentale Fragen nachzudenken. Bedenken von der Art, sie wüßten nicht genug von Philosophie oder sie belasteten ihre Kinder mit für sie unverdaulichen Problemen, sollten Eltern und Lehrer ruhig erst einmal hintanstellen. Philosophische Probleme sind zu wichtig und zu interessant, um sie den Philosophen allein zu überlassen; sie gehen uns alle an. Wir haben keine Veranlassung, uns von der Fachphilosophie einschüchtern, abschrecken und damit entmündigen zu lassen. Noch immer gilt der ermutigende Zuruf des Horaz »Sapere aude« – »Wage weise zu sein«. Wagen wir es mit unseren Kindern!

II
Wahrheitswitterung

Wie kommt philosophisches Denken in Gang? Am Anfang des philosophischen Ahnens und Denkens von Kindern stehen metaphysische Urerlebnisse von elementarer Unmittelbarkeit, die als Augenblicke der geistigen »Erweckung« oft das ganze Leben hindurch erinnert werden und bestimmend bleiben. Ja sie können einer Biographie eine besondere Tiefendimension verleihen. Bei den meisten allerdings wird die Begegnung mit der Tiefe und Rätselhaftigkeit der Welt bald vergessen werden. Als Erwachsene werden sie nur das als »Wirklichkeit« gelten lassen, was der »gesunde Menschenverstand« dazu erklärt. Nur wenige verspüren als Nachklang der Erfahrung von Transzendenz in ihrer Kindheit zeitlebens das Bedürfnis nach »gedanklicher Besinnung, die in die Tiefe geht, die ›sich zugrunde richtet‹« (Eugen Fink).

Es sind schwer zu beschreibende Erfahrungen, die Kinder da bisweilen noch vor dem Eintritt ins Schulalter machen und über die sie wegen ihres intimen Charakters sich anderen gegenüber kaum äußern. Es hat sogar den Anschein, als ob diese Scheu mit zunehmendem Alter größer werde. Deshalb weiß die Entwicklungspsychologie darüber so wenig. Wohl aber haben sich Schriftsteller und Philosophen gelegentlich in Erinnerungen an ihre Kindheit Rechenschaft über ihre ersten Transzendenzerfahrungen und frühen philosophischen Erschütterungen abgelegt.

Wir wollen dem Geheimnis dieser kindlichen Urerlebnisse anhand einiger ausgewählter literarischer Zeugnisse etwas nachspüren.

Der Dichter Peter Rosseger ging als vielleicht fünfjähriger Junge gerade zum Holzholen auf den Hof hinaus, als ihm zum ersten Mal wie ein Blitzschlag das Bewußtsein durchzuckte, daß er in gerade diesem Augenblick existiere. Er beschwört damit die elementare Erfahrung der Ungeheuerlichkeit der eigenen Existenz, dieses jähe, überwache Bewußtsein des Innewerdens des Existierens, das »Bewußtsein des Bewußtseins«, das außerhalb dieser Momente erlebte Dasein unwirklich und wie ein Traum erscheinen läßt. Der portugiesische Dichter Pessoa hat den metaphysischen Schauder, den wir vielleicht nie wieder so intensiv erleben wie zum erstenmal als Kind, mit folgenden Worten beschrieben: »Zuweilen überfällt mich mitten im täglichen Leben, in welchem ich selbstverständlich so bestimmt über mich verfüge wie alle übrigen, eine sonderbare Empfindung des Zweifels; ich weiß dann nicht, ob ich existiere, ich halte es durchaus für möglich der Traum eines anderen Wesens zu sein... Es ist so schwierig zu beschreiben, was man fühlt, daß man wirklich existiert und die Seele eine reale Wesenheit ist; ich weiß nicht, welches die menschlichen Worte sind, mit denen ich das definieren könnte. Ich weiß nicht, ob ich fiebere, wenn ich das fühle, oder ob ich aufgehört habe, das Fieber zu kennen, ein Schläfer des Lebens zu sein«. Die Erfahrung der Unbegreiflichkeit der reinen Faktizität der Existenz in diesem Augenblick läßt uns ins Bodenlose fallen, wir können dieses Erlebnis zwar immer wieder in uns hervorrufen, aber »diese Rückkehr in uns selbst« nicht über längere Zeit aushalten. In diesem Augenblick, in dem wir uns in dem Zustand gesteigerter und unbedingter Bewußtheit befinden, in dem die Selbstverständlichkeit des Existierens außer Kraft gesetzt ist, blicken wir durch uns hindurch in einen Abgrund.

Ich weiß noch Ort und Stunde anzugeben, als ich als kleiner Junge zum erstenmal sehr intensiv erfuhr, was der italienische Dichter Pirandello mit den folgenden Worten beschreibt: »In manchen Augenblicken innerer Stille, in denen unsere Seele sich aller gewohnten Einbildungen entledigt und unser Blick schärfer und durchdringender wird, sehen wir uns selbst leben und sehen das Leben, wie es an sich ist, gleichsam in einer gefühllosen Nacktheit. Eine merkwürdige Empfindung überkommt uns, so als gewännen wir blitzartig Einblick in eine andere als die gewöhnlich wahrgenommene Realität, eine Realität, die jenseits des menschlichen Sehvermögens und außerhalb der Formen menschlicher Vernunft existiert. Der alltägliche Lebenszusammenhang schwebt dann gleichsam in der Leere unseres inneren Schweigens und erscheint uns in äußerster Klarheit als etwas Sinn – und Zielloses. Diese andere Realität wirkt in ihrer gefühllosen Härte auf uns grauenerregend… Dann dehnt sich die innere Leere aus, überschreitet die Grenzen unseres Körpers und wird zur Leere um uns herum, einer merkwürdigen Leere, so als stünde die Zeit und das Leben still und als würde unser inneres Schweigen sich in die Abgründe des Geheimnisses hinein versenken… Wir können nun dem gewohnten Lebensgefühl keinen Glauben mehr schenken, weil wir jetzt wissen, daß sie eine von uns ausgedachte Täuschung sind, die wir brauchen, um leben zu können, und daß es unterhalb davon etwas gibt, dem man sich nur um den Preis des Todes oder des Wahnsinns stellen kann«.

Der Buddhismus macht die von Kindern zutiefst empfundene – nicht »nur« gedachte – Wahrheit, daß das Leben ein Traum, daß die Welt eine »Geistererscheinung« ist, mit Hilfe von Meditationsübungen zur ständig erfahrenen und gelebten Gewißheit. »Der Novize hat jeden Moment seines Lebens völlig bewußt zu leben. Er muß denken: ›Jetzt ist Mittag, jetzt durchquere ich den Hof, jetzt begebe ich mich zum Abt‹ und gleichzeitg muß er denken, daß der Mittag, der Hof und der Abt unwirklich sind, so unwirklich, wie er selbst und seine Gedanken« (J. L. Borges).

Um die metaphysischen Erfahrungen und Empfindungen von Kindern zu belegen und um die je individuellen Ausgestaltungen dieser Transzendenzerfahrungen zu illustrieren, gebe ich im folgenden einige Berichte darüber aus Kindheitserinnerungen von Dichtern und Schriftstellern wieder.

Der Schweizer Dichter Carl Spitteler erzählt in »Meine frühesten Erlebnisse« die Episode »Auf dem Dachboden«:

»Mit Agathe war ich neugierhalber auf den Dachboden gestiegen. Dort verließ sie mich, ich weiß nicht mehr weshalb, und ich blieb allein. Das kümmerte mich weiter nicht, denn über Einsamkeitsangst war ich hinaus. Aber wie nun allmählich der Dachboden sich mit Düster, hernach mit Dunkel, schließlich mit Finsternis füllte, welche einen Gegenstand nach dem anderen verschlang, durchschauerte mich ein eigentümliches ernstes Gefühl. Nicht etwa Gespensterfurcht, ich wußte von Gespenstern gar nichts, sondern Wahrheitswitterung; ich meine die Ahnung, daß es jenseits des hellen Tages mit seinen vielen kleinen Geschichten noch eine andere Wirklichkeitswelt gibt, größer, mächtiger und schlimmer als die freundliche Großmutterwelt. Darüber wurde mir unheimlich, so daß ich, ohne mich zu rühren, in die Finsternis starrte, welche meinen Blick aushaltend, unverwandt zu mir zurückschaute, mit rätselhaften Augen, gebärerisch, als ob aus weiter Ferne etwas Wichtiges und Böses aus ihr hervorkommen sollte. Ich bin weder willens noch befugt, auf jenes Stündlein auf dem Dachboden deswegen überlegen zurückzublicken, weil ich damals ein winziges, gedankenloses Menschlein war. Der Gedanke ist nicht der einzige Weg zur Wahrheit; ich bin sogar versucht zu sagen, ein Irrweg. Kurz, ich schaute damals einen Augenblick in das Antlitz der Meduse«.

Spitteler rührt hier an das Geheimnis des Urgrundes von Mythos und Philosophie in der authentischen Erfahrung von Transzendenz. Alle späteren gedanklichen Konstruktionen sind Versuche, mit dieser Erfahrung fertig zu werden, vielleicht auch sich vor ihr zu schützen. »Und dieser eine, der in einem kurzen Moment das nackte Universum erblickt, erschafft eine Philosophie oder erträumt eine Religion; die Philosophie breitet sich aus, und die Religion findet Resonanz, und diejenigen, die an die Philosophie glauben, gehen dazu über, sie als Kleid zu benutzen, das sie nicht sehen, und diejenigen, die an die Religion glauben, gehen dazu über, sie als Maske aufzusetzen, die sie vergessen« (Pessoa).

Die Unfaßbarkeit der eigenen Existenz erfährt die Dichterin

Isolde Kurz, als sie, etwa vier oder fünf Jahre alt, in den Spiegel sieht: »Es mag in jenem Jahr oder auch etwas früher gewesen sein, daß ich zum erstenmal meine eigene Bekanntschaft machte... Eines Tages blieb ich plötzlich betroffen mitten im Zimmer stehen und starrte in einen dieser Spiegel, der mir mein eigenes Bild entgegenhielt. Ein leiser Schauder überlief mich, und ich dachte mit nie gedachten Gedanken: Also das bin ich! Zwischen Scheu und Wißbegier trat ich ganz nahe hinzu und musterte das schmale durchscheinende Kindergesicht, das fast nur aus Augen bestand, aus großen, erstaunten Augen, die mich rätselhaft und forschend anblickten, wie ich sie: Also das sind meine Augen, meine Stirn, mein Mund! Mit diesem Gesicht, mit diesen Gliedern muß ich nun immer beisammen sein und alles mit ihnen gemeinsam erleben! – Dieser Frater Corpus, der ›Bruder Leib‹, den ich da plötzlich vor mir sah, schien mir aber keineswegs mein Ich zu sein, sondern ein eben auf mich zugetretener Weggenosse, mit dem ich jetzt weiter zu pilgern hätte. Und es kam mir vor, als wäre eine Zeit gewesen, wo wir zwei uns noch gar nichts angingen.... Die frühe Kindheit mag solchen halb metaphysischen Empfindungen zugänglicher sein als die reifgewordene Jugend, die im unbändigen Stolz ihrer physischen Kraft und Herrlichkeit vielmehr den Bruder Leib für den eigentlichen Menschen ansieht«.

Der kleinen Isolde Kurz drängen sich »spitzfindige« Fragen im Gespräch mit ihrer Mutter auf, wie sie sich wahrscheinlich jedem Kind in einem bestimmten Alter stellen: »Gesetzt, Papa hätte eine andere Frau genommen und besäße von ihr eine Tochter, du aber hättest einen anderen Mann und gleichfalls eine Tochter von ihm, welche von den beiden Töchtern wäre dann ich? Närrchen, dann wärest du eben überhaupt nicht vorhanden. – Das war mir nicht vorstellbar. – Vielleicht wäre ich zweimal da, jedesmal mit einer falschen Hälfte verbunden? – Aber, Kind, du redest ja reinen Unsinn. – Oder wären die zwei vielleicht meine Schwestern? – Das wollte sie eher gelten lassen. – Aber, Mama, wenn ich gar nicht bin, wie kann ich dann Schwestern haben?! – Die philosophische Untersuchung endigte zuletzt, wie philosophische Untersuchungen immer enden sollten, mit einem Lachen«. (»Aus meinem Jugendland«)

Die Entdeckung des transzendentalen Selbst und ihres davon getrennt gedachten Körpers löst bei Emily in Richard Hughes' »Ein Sturmwind auf Jamaika« folgende Überlegungen aus: »Da sie über dies entscheidende Ereignis (sc. die Entdeckung ihres Ichs) allein und ungestört nachdenken wollte, begann sie bis zu ihrem Lieblingsplatz hinaufzuklettern. Jedesmal, wenn sie bei dieser einfachen Betätigung ein Bein oder einen Arm bewegte, erschauerte sie vor Vergnügen, daß ihr jedes Glied so bereitwillig gehorchte. Natürlich wußte sie aus der Erinnerung, daß das schon immer so gewesen war; aber früher war ihr das Erstaunliche daran nie aufgegangen«. Beim Nachdenken über die Folgen ihrer Entdeckung stößt sie weiter auf die Frage, »Wie kam es, daß sie unter den vielen Menschen auf der Welt ausgerechnet diese Emily geworden war? ...Hatte sie sich das selbst gewählt, oder hatte es Gott gewollt? Und eine Zwischenüberlegung: Wer war Gott? ... War sie vielleicht selber Gott? ... Warum ging ihr das alles heute erst auf?«

Auch für den englischen Dichter Wordsworth ist der tiefe Zweifel über die Wirklichkeit der Wirklichkeit, wie ihn in dieser Intensität wohl nur Kinder durchleben, die Sprungfeder seines Denkens. In Anmerkungen zu seinem Gedicht »Intimations of Immortality« (»Du, dessen äußere Erscheinung die Unergründlichkeit deiner Seele Lügen straft, du bester Philosoph, Du junges Kind«) heißt es: »Ich war oft unfähig, von äußeren Dingen zu denken, sie hätten eine äußere Existenz, und ich verkehrte mit allem, was ich sah, als etwas von meiner eigenen immateriellen Natur nicht Verschiedenem, sondern ihm Inhärentem. Viele Male, wenn ich zur Schule ging, griff ich nach einer Mauer oder einem Baum, um mich von diesem Abgrund des Idealismus zur Realität zurückzurufen. Zu dieser Zeit ängstigten mich derartige Vorgänge«.

Wie sehr kontemplative Erfahrungen Kinder geistig verstören und quälen können, davon legt auch Karl-Philipp Moritz in seinem autobiographischen Roman »Anton Reiser« Zeugnis ab: »Über dem Himmel dachte er sich Gott, aber jeder, auch der höchste Gott, den sich seine Gedanken schufen, war ihm zu klein, und er mußte immer wieder noch einen höhern über sich haben, gegen den er ganz verschwand, und das so ins Unendliche. Doch hatte er hierüber nie etwas gelesen noch gehört. Was am sonderbarsten war, so geriet er durch sein beständiges Nachdenken und In-sich-gekehrt-Sein sogar auf den Egoismus (sc. Solipsismus), der ihn beinahe hätte verrückt machen können. Weil nämlich seine Träume größtenteils sehr lebhaft waren, und beinahe an die Wirklichkeit zu grenzen schienen; so fiel es ihm ein, daß er auch wohl am hellen Tag träume, und die Leute um ihn her, nebst allem, was er sah, Geschöpfe seiner Einbildungskraft sein könnten. Das war ihm ein erschrecklicher Gedanke, und er fürchtete sich vor sich selber, sooft er ihm einfiel, auch suchte er sich dann wirklich durch Zerstreuung von diesen Gedanken loszumachen«.

Die Dichterin Marie von Ebner-Eschenbach beschreibt in »Meine Kinderjahre«, wie sie als Kind Zweifel an dem »wirklich Bestehenden, das mich umgab«, befielen: »Eine Vorstellung, mit der ich meine ganze Kindheit hindurch gespielt habe… Bei mir hatte der Zweifel sich allmählich zur Überzeugung herangebildet… Ich habe seitdem gehört, daß es sich damit nicht um etwas Exzeptionelles bei Kindern handelt… Der Himmel, zu dem ich emporsah, die Sonne, der Mond, die Sterne und die Landschaft, die mich umgab, und was sie belebte oder vielmehr zu beleben schien, das alles war nicht. Meine Augen nur zauberten es hin… Wohin aber mein Blick nicht drang, da war das Nichts, die Leere. Vor mir die Welt, hinter mir das scheußliche Nichts, grau, stumm, tot. O wie brannte ich darauf, ihm einmal auf die Spur zu kommen, diesem Nichts!… Zu jener Zeit, in der die irdische Welt mir zu einer Sinnestäuschung herabgesunken war, hatte ich mir eine andere, eine so schöne hergestellt, wie eine Kinderphantasie nur jemals schuf«.

Wirklich erschütternd ist der Bericht über ihre Seelenqualen, die sie durchlitt, als ihr durch die Astronomie der Kosmos entzaubert wird. Die Gestirne »waren nicht geschaffen, damit wir uns an ihrem Anblick erquicken und erbauen. Die waren für sich selbst geschaffen und die meisten von ihnen so viel größer als die Erde, wie sie größer ist als ein Stäubchen, das im Sonnenstrahl tanzt. Und auf diesem Stäubchen, was bin dann ich? Ein tödlicher Schmerz ergriff mich bei der Frage, auf die ein Gefühl trostloser Verlassenheit, völligen Vernichtetseins antwortete... Auch war es nicht zum erstenmal, daß ein Begriff der Unermeßlichkeit des Weltalls mir hätte aufsteigen können... Die Menschen, was sind die? Dasselbe jeder, was ich bin: Ein Hauch über ein Stäubchen geweht, ein Nichts in der Unendlichkeit. Wie hatte ich mich gefühlt, als ich noch zum gestirnten Himmel emporsah... Bei Tage wurde ich Herr über meine schweren Gedanken, zu schwer für einen Kinderkopf. Wenn ich aber des Nachts erwachte und sie kamen, da war ich ihre Beute. Oft konnte ich mir nicht helfen und schrie laut im Schmerze meiner Zweifel...Bei keinem konnte ich Hilfe holen in meiner Seelenqual. Ich glaubte, jedes Wort zu hören, das sie, das jeder der Meinen mir entgegnen würde, wenn ich versuchte auszusprechen, was mich beängstigte und verwirrte... Ich hatte gar nicht das Bewußtsein, daß ich grübelte. Ich dachte ja nur nach, und dann kamen die Zweifel von selbst. Sie fielen mich an, ich empfand einen physischen Schmerz dabei«.

Das Gewahrwerden seiner selbst hat auch notwendig die Beschäftigung mit dem Tod zur Folge. Der kleine Karl-Philipp Moritz dachte sich auf einmal »ein gänzliches Aufhören von Denken und Empfindungen, und eine Art von Vernichtung und Ermangelung seiner selbst, die ihn mit Grauen und Entsetzen erfüllte, sooft er wieder lebhaft daran dachte. Seit der Zeit hatte er auch eine starke Furcht vor dem Tode, die ihm manche traurige Stunde machte«.

Isolde Kurz erinnert sich: »Ich dachte fortan über das Sterben nach, und die Unerbittlichkeit des Vorausbestimmtseins erfüllte mich mit immer neuem Grausen: Also einmal muß es sein, jeder Tag bringt mich dem letzten Ziele näher... niemand, niemand kann mir helfen, ganz allein stehe ich dem Furchtbaren gegenüber – Tod! Dabei war mir zumute, als befände ich mich in einem langen, engen Gang, wo kein

Entrinnen, keine Umkehr möglich, und am Ende des Ganges, da wartete auf mich das Rätselhafte, Unbegreifliche«.

Daß sie schon als Kinder ein lebhaftes Interesse an philosophischen Fragen entwickelt haben, darüber berichten auch Nikolaj Berdjajev in seiner Autobiographie »Traum und Wirklichkeit« und Leo Tolstoi, der in seinen Jugenderinnerungen »Knabenjahre« schreibt: »Im Laufe des einen Jahres… tauchten bereits alle abstrakten Fragen von der Bestimmung des Menschen, vom künftigen Leben, von der Unsterblichkeit der Seele vor mir auf; und mein schwacher kindlicher Geist mühte sich mit dem ganzen Feuer der Unerfahrenheit, die Fragen zu klären, deren bloßes Aufwerfen die höchste Stufe darstellt, die der menschliche Geist erreichen kann, deren Lösung ihm aber nicht gegeben ist… Diese Gedanken stellten sich meinem Geist mit einer solchen Klarheit und Eindringlichkeit vor, daß ich sogar versuchte, sie im Leben anzuwenden, in der Einbildung, ich hätte als erster diese großen und nützlichen Wahrheiten entdeckt«. Er grübelt über das Glück, über den Tod, über das Wesen der Schönheit, über die Ewigkeit nach, »aber keine philosophische Richtung riß mich so hin wie der Skeptizismus, der mich für eine Zeitlang in einen dem Wahnsinn nahen Zustand versetzte. Ich bildete mir ein, es gebe außer mir niemand und nichts in der ganzen Welt, die Dinge wären keine Dinge, sondern Bilder, die nur dann erscheinen, wenn ich sie beachte, und die sofort verschwinden, wenn ich aufhöre, an sie zu denken… Es gab Augenblicke, wo ich unter dem Einfluß dieser fixen Idee den Wahnsinn so weit trieb, daß ich mich mitunter schnell umsah, in der Hoffnung, plötzlich das Nichts (le néant) dort vorzufinden, wo ich nicht war… Meine Neigung zu abstrakten Betrachtungen hatte das Bewußtsein in mir so unnatürlich entwickelt, daß ich oft, wenn ich an die einfachsten Dinge dachte, in den geschlossenen Kreis der Gedankenanalyse geriet und dann nicht mehr an die Frage dachte, die mich beschäftigte, sondern an den Vorgang meines Denkens. Ich frage mich ›Was denke ich?‹ und antwortete: ›Ich denke, daß ich denke‹ ›Und was denke ich jetzt?‹ ›Ich denke, daß ich denke, daß ich denke…‹ Mein Verstand war am Überschnappen…«

Für Tolstoi ist die Kindheit die philosophische Phase im menschlichen Leben schlechthin: »In der Kindheit, beim Eintritt in das Leben, erfassen wir dessen ganzes Geheimnis, fühlen, daß das Leben mehr ist, als nur das, was unsere Sinne uns vermitteln. Später verlieren wir dieses Vorgefühl oder Nachgefühl der ganzen Tiefe des Lebens.«

Der spanische Schriftsteller Miguel de Unamuno berichtet: »Als Jugendlicher und sogar als Kind blieb ich unbeeindruckt, wenn man mir die schrecklichsten Bilder der Hölle zeigte; denn sogar damals erschien mir nichts so schrecklich wie das Nichts selbst!«

Bogumil Goltz, der in der zweiten Hälfte des vorigen Jahrhunderts mit seinem »Buch der Kindheit« einen großen Erfolg hatte (Friedrich Hebbel über ihn: »Nur der aus dem Gemüt heraus lebende Mensch fühlt ein Bedürfnis und ist imstande, sich wieder in seine Kindheit zu vertiefen«) berichtet aus seiner Kindheit: »Ich konnte rasend werden vor Verwunderung und Wonne darüber, wie doch das eigentlich sein könne, daß ein Ding so mir nichts dir nichts l e b e n d i g sei. Eine Creatur, gleichviel welche, Katze oder Hund, Vogel oder Wurm, vor allen aber freilich ein Vogel, war mir bloß durch die Vorstellung des Lebendigen ein Mysterium. Nie, nimmer hab' ich hernach so die Poesie des Lebendigen und Creatürlichen erfaßt, als in jener kindlichen Paradiesesunschuld und Glückseligkeit, wo die Seele gar berauscht ist von dem Wunder und der Schönheit der Welt«. »Ich war ein lebhafter Junge und kein Kopfhänger; aber das Wunder des Daseins machte mich immer wieder nachdenklich, träumerisch und wie berauscht« und »Das Kind greift sich allerdings mehr noch wie der große Mensch aus der großen Welt eine kleine und aus dem großen Weltwunder ein besonderstes Schoß- und Lieblingswunder heraus; aber die Grundstimmung und Lebensfühlung ist dabei immer eine und dieselbe und das Kopfzerbrechen nie ein kritisch-profaner Prozeß, der das Wunder in Vernunftverschiß erklärt, nachdem er das Leben inquiriert, inkriminiert und abgeschlachtet hat«.

Wie stark geistige Erfahrungen in früher Kindheit das

ganze spätere Leben zu prägen vermögen, davon legt auch eine Kindheitserinnerung des indischen Dichters und Weisen Rabindranath Tagore, der 1913 den Nobelpreis für Literatur erhielt, beredtes Zeugnis ab. In »Mein Leben« schreibt er: »Plötzlich wurde ich mir einer inneren Erregung bewußt; als ob meine Erfahrungswelt licht würde, fügten sich zusammenhanglose und undeutliche Einzelheiten zu einem großen Sinnganzen. Ich erinnere mich noch des Tages in meiner Kindheit, als ich mühsam mein Bengali-Alphabet gelernt und ganz unerwartet auf die erste einfache Verbindung von Buchstaben stieß, die mir die Worte schenkte: ›Es regnet, die Blätter zittern‹. Ich war ergriffen von dem Bilde, welches diese Worte mir zeigten. Die Bruchstücke verloren ihre Zusammenhanglosigkeit, und mein Geist schwelgte im Anblick einer Einheit. In ähnlicher Weise erschienen mir an jenem Morgen im Dorf die Einzelheiten meines Lebens als eine leuchtende Einheit. Alle die einzelnen Dinge, die bisher nur unsteten Wellen glichen, wurden in einer Beziehung zu einem endlosen Ozean offenbart; und von diesem Zeitpunkt an konnte ich den Glauben festhalten, daß hinter all meinen Erfahrungen der Natur und des Menschen die Grundwahrheit der Wirklichkeit des Geistes steht. Man wird mich verstehen, daß ich ganz unbewußt der Entdeckung, auf die ich an jenem Tage stieß, entgegenging... Von Kind an hatte ich dieses Feingefühl, daß ich jederzeit der Welt um mich deutlich bewußt war... Ich war mit dieser Fähigkeit zu staunen begnadet, die einem Kind das Recht gibt, in die Schatzkammer des Geheimnisses im Herzen des Daseins einzutreten«.

Auf die in diesem Kapitel mitgeteilten Zeugnisse authentischer philosophischer Erlebnisse in der Kindheit bin ich mehr oder weniger zufällig gestoßen. Ich bin sicher, daß sich in den Kindheitserinnerungen vieler anderer Autoren weitere interessante Mitteilungen dazu finden ließen. Genauso gut hätte ich mich auf Berichte von Studenten über ähnliche philosophische Heimsuchungen in ihrer Kindheit stützen können. Daß die philosophische Dimension der Kindheit in dem Bild, das sich die professionellen »Experten« von ihr machen, bislang ausgespart bleibt, mutet angesichts dieser Zeugnisse und der Erfahrungen, die jedermann mit Kindern machen kann, seltsam an. Jeder braucht auch nur tief genug in seine eigene Kindheit zurückzutauchen, um sich Erinnerungen an elementare geistige Erschütterungen in früher Jugend wieder verfügbar zu machen. Aber offenbar wird das frühe Wissen um die Abgründigkeit der Welt und unseres Hierseins mit einem Tabu belegt. Eine Anerkennung ihres philosophischen Charakters könnte unsere Aufassung von Kindheit in einer Weise verändern, die nicht ohne Auswirkungen auf unser Verhältnis zu Kindern und ihre Erziehung bliebe.

III
Große Philosophen über kleine Philosophen

Daß Dichter und Schriftsteller mit der Verleihung des Philosophentitels an Kinder vielleicht allzu großzügig und leichtfertig umgehen, mag hingehen. Doch Zweifel sind angebracht. Was könnte im allgemeinen Bewußtsein auch weiter auseinanderliegen als die Begriffe Kindheit und Philosophie? Die Philosophie hat den Ruf einer lebensfernen, trockenen, schwierigen, abstrakten und dunklen Wissenschaft, die so gar nicht für Kinder tauge, sondern allenfalls »reifen« Menschen mit einer reichen Bildung und Lebenserfahrung etwas zu sagen habe. Umso mehr Gewicht kommt deshalb dem Urteil von Philosophen selbst über die Frage zu, was Kinder mit Philosophie zu schaffen haben. Lassen wir also einige Philosophen »vom Fach« zum Verhältnis von Kindheit und Philosophie zu Wort kommen.

Unter den vielen Gesichtern und Masken, mit denen sich die Philosophie im Laufe ihrer Geschichte gezeigt hat, ist ihr Bild als einer Führerin der Seele und Geleiterin des Menschen auf dem Weg zu einem gelungenen und glücklichen Leben das freundlichste. Die Beschäftigung mit Philosophie läutert, tröstet, erhebt und erbaut. Sie weist den Weg zum richtigen Leben und Sterben. Wir würden das heute Lebenshilfe nennen.

Wenn die Philosophie wirklich dem Menschen dazu verhelfen kann, »vernünftiger« und »glücklicher« zu werden und sein Leben besser zu meistern, indem sie ihn lehrt, das »Wesentliche« zu erkennen, sollten dann nicht auch schon junge Menschen ihrer Segnungen teilhaftig werden? Jedenfalls scheinen das Eltern, wie ich eingangs berichtet habe, für wünschenswert, ja für notwendig zu erachten. In der Tat hat der Gedanke, man solle schon junge Menschen mit den »Belehrungen« der Philosophie vertraut machen, im Abendland eine lange Tradition, die von dem antiken Philosophen Epikur über Montaigne bis in unsere Tage reicht. In anderen Kulturkreisen scheint es ohnehin selbstverständlich zu sein, Kinder schon früh mit den überlieferten Weisheitslehren bekannt zu machen.

Hören wir also die wichtigsten Stimmen von Philosophen zum Wert der Philosophie für Kinder und zur natürlichen Nähe von Kindern zum philosophischen Fragen und Denken.

Epikur (geb. 341 v. Ch.), der griechische Naturphilosoph und Weisheitslehrer, hatte eine so große Hochachtung vor dem Anspruch auch von Kindern auf das wahre Glück, das seiner Meinung nach nur die Philosophie schenken kann, daß er empfahl, sie so früh wie möglich mit den Lehren der Philosophie vertraut zu machen. »Weder soll der junge Mensch zögern zu philosophieren, noch der alte des Philosophierens überdrüssig werden. Denn weder ist jemand noch nicht alt genug noch zu alt für das, was die Seele gesunden läßt. Wer sagt, das Alter, in dem man philosophieren solle, sei noch nicht erreicht oder schon vorbei, sagt das gleiche wie der, der behauptet, daß das Alter, um glücklich zu sein, noch nicht erreicht bzw. schon vorüber sei«.

Epikurs Eintreten für die Erfüllung der Erkenntnis- und Glücksansprüche junger Menschen kontrastiert eigentümlich mit der Auffassung von Aristoteles, der Kindern absprach, vollwertige menschliche Wesen zu sein, womit ihnen Tugenden wie die Weisheit unerreichbar seien. Allenfalls läßt er für sie wie sein Lehrer Platon Philosophie als geistiges Training gelten. Als in ihren Erkenntniskräften nicht voll entwickelte und damit ihren Gefühlsregungen ohnmächtig ausgelieferte Wesen sind Kinder für Aristoteles nicht eigentlich glücksfähig; allenfalls können sie seiner Meinung nach so etwas erleben wie die animalische Zufriedenheit schlafender Hunde. Diese Auffassung findet ihre Fortsetzung in christlichen Vorstellungen, die bis ins achtzehnte Jahrhundert hinein herrschten. Danach ist

Kindheit nur eine höchst unvollkommene Vorstufe des Erwachsenseins, die es so schnell wie möglich zu überwinden gilt. Eine solche Lehre hat natürlich Folgen für Erziehung und Unterricht: Kinder haben sich der Autorität der Erwachsenen auch in Fragen der Erkenntnis und des Urteils voll zu unterwerfen; die Wahrheiten der Erwachsenen sind wörtlich dem Gedächtnis einzuprägen, wobei sozusagen ein Wissensvorrat für später angelegt wird, wenn diese gelernten Wahrheiten auch begriffen werden können.

Erst mit Rousseau wird der uns heute selbstverständlichen Überzeugung Bahn gebrochen, daß Kinder vollständige, mit Vernunft begabte menschliche Wesen sind und daß jeder Abschnitt der individuellen menschlichen Entwicklung seinen Wert in sich selbst trägt und unwiederholbare Möglichkeiten des Menschseins in sich schließt.

Mit Rousseau hat in der abendländischen Geistesgeschichte auch eine eigenartige Romantisierung und Idealisierung der Kindheit ihren Ausgang genommen, die anderen Kulturen fremd ist. Für Rousseau hat sich für das Kind die tiefe Kluft noch nicht aufgetan, die den Zivilisationsmenschen von der Natur trennt und ihn seinem wahren Wesen entfremdet. Die Erziehung verschüttet im Kind das, was ihm die Natur an Wahrheit, Güte und Schönheit mitgegeben hat. Ganz rousseauisch sagt Schiller: »Unsere Kindheit ist die einzige unverstümmelte Natur, die wir in der kultivierten Menschheit noch antreffen«. Dem Grund des Seins näher, verfügt das Kind noch über tiefe Ahnungen und »unbewußte Weisheit« (Friedrich Rückert), die dem gewöhnlichen Erwachsenen verlorengegangen sind. Robert Schumann gibt diesem Gedanken mit den Worten Ausdruck: »In jedem Kind liegt eine wunderbare Tiefe«. Christoph Hufeland schreibt: »Ich sah von jeher in der Kindheit ... das Reich der Wahrheit«, und für Wordsworth ist das Kind »des Mannes Vater«, ihm an »natürlicher Weisheit« überlegen, die allem rationalen Erkennen und Wissen voraus ist. In diesen Gedankenkreis, der bis in unsere Tage viele fasziniert, gehört auch die Knüpfung der Genialität an die Kindheit, für die noch einmal Schopenhauer Zeugnis ablegen soll: »Jedes Kind ist gewissermaßen ein Genie und wer nicht zeitlebens gewissermaßen ein großes Kind bleibt, sondern ein ernsthafter, nüchterner, durchweg gesetzter und vernünftiger Mann wird, kann ein sehr nützlicher und tüchtiger Bürger dieser Welt sein; nur nimmermehr ein Genie«. Letzter Ausfluß dieser geistigen Tradition ist sicherlich die Neigung einiger Vertreter der Kinderphilosophie, Kindern besondere schöpferische Fähigkeiten nicht nur auf künstlerischem Gebiet, sondern auch für philosophisches Denken zuzutrauen.

Als ein in mancher Beziehung früher Vorläufer rousseauischer Ideen kann Montaigne gelten, dem wir in seinen »Essais« mehr als modern anmutende Einsichten »Über die Kindererziehung« verdanken. Über »die nutzbringendsten Abhandlungen der Philosophie, an welchen die menschlichen Handlungen wie an ihrer Richtschnur geprüft werden müssen« und deren besonderen Nutzen für die Erziehung des Knaben schreibt er: »Man lehre ihn ›was recht ist zu wünschen, welches der Nutzen des hart erworbenen Geldes; was wir dem Vaterland und was unseren Nächsten schulden: Wer du nach Gottes Willen bist und an welche Stelle er dich im Leben gesetzt hat; was wir sind und zu welchem Ziel wir gezeugt sind‹ (Persius), was Wissen ist, welches das Ziel allen Lernens sein soll; was Tapferkeit ist, was Mäßigung und Gerechtigkeit; welches der Unterschied ist zwischen Ehrgeiz und Habsucht, zwischen Knechtschaft und Gehorsam, zwischen Zügellosigkeit und Freiheit; an welchen Kennzeichen man die wahre und echte Zufriedenheit erkennt; wie weit man den Tod, den Schmerz und die Schande fürchten soll, – ›und wie jede Mühsal zu fliehen oder zu ertragen‹ (Vergil), welche Triebfedern uns bewegen, und die Herkunft so mancherlei verschiedener Regungen in uns. Denn mir scheint, die ersten Lehren, mit denen man seinen Verstand tränken soll, müßten jene sein, die seine Sitten und seinen Sinn lenken, die ihn sich selbst erkennen, recht leben und recht sterben lehren. Unter den freien Künsten laßt uns mit der Kunst beginnen, die uns frei macht. Sie dienen alle mehr oder weniger zum Unterricht für unser Leben und zu seinem Gebrauch... Aber wählen wir die eine, die geradewegs und sachgemäß dazu dient«.

Was für ein würdiges Programm für das Unternehmen der Kinderphilosophie und wie weit sind wir von seiner Verwirklichung entfernt! Aber hören wir weiter, was Montaigne als richtig und notwendig erkannte: »Es ist wunderlich genug, wenn die Dinge in unserem Jahrhundert so weit gekommen sind, daß selbst bei Leuten von Verstand die Philosophie ein leerer und verschrobener Begriff ist, ohne allen Wert und Nutzen, sowohl im Denken wie im Handeln. Ich glaube die Haarspaltereien, mit denen ihre Zugänge verbaut wurden, sind daran schuld. Man hat sehr unrecht, sie den Kindern als unnahbar und mit stirnrunzelndem, sauertöpfischem und abschreckendem Antlitz vorzustellen. Wer hat sie mir unter dieser fahlen und häßlichen Maske vermummt? Nichts ist heiterer, munterer, fröhlicher, und fast möchte ich sagen, ausgelassener«. »Eine Seele, welche die Philosophie beherbergt, muß durch ihre Gesundheit auch den Körper anstecken.... Der sicherste Stempel der Weisheit ist ein stetiger Frohsinn... Wie? Sie macht sich anheischig, den Stürmen der Seele zu gebieten und Hunger und Fieber lachen zu lehren, nicht durch Tüfteleien und Spiegelfechtereien, sondern durch natürliche und greifbare Gründe... Mein Erzieher... wird ihm (sc. dem Zögling) diese neue Lehre beibringen, daß Preis und Würde der wahren Tugend in der Leichtigkeit, Nützlichkeit und Freudigkeit ihrer Ausübung liegen, so fern von aller Beschwerlichkeit, daß die Kinder so gut wie die Männer, die Einfältigen so gut wie die Klugen ihrer fähig sind«. »Da die Philosophie es ist, die uns lehrt zu leben, und ihre Lehren für die Jugend hat wie für die anderen Lebensalter, warum macht man sie nicht mit ihr bekannt?... Man lehrt uns zu leben, wenn unser Leben dahin ist,...mit unserem Kind hat es weit größere Eile; es hat nur die ersten fünfzehn oder sechzehn Jahre seines Lebens für die Schule. Verwenden wir eine so knapp bemessene Zeit auf die notwendigen Unterrichtungen... nehmt die einfachen Sätze der Philosophie und wißt sie zu wählen und richtig vorzutragen; sie sind leichter zu fassen als eine Erzählung des Boccaccio.

Ein Kind ist ihrer fähig, kaum daß es der Amme entwöhnt ist, weit leichter als lesen und schreiben zu lernen. Die Philosophie hat Belehrungen für die erste Kindheit wie für sein abgelebtestes Alter«. »Die Philosophie, die als Bildnerin des Urteils und der Sitten seine hauptsächliche Unterweisung sein soll, hat den Vorzug sich in allem zu finden«.

Die Lobpreisung der Philosophie und ihres Nutzens für junge Menschen ist umso überzeugender, als sie nicht von einem Fachphilosophen im engeren Sinne kommt. Sicherlich wird mir mancher, der diesen Essay noch einmal ganz liest, beipflichten, daß Klügeres und Bedenkenswerteres über Kindererziehung kaum zu finden ist.

Auf der Suche nach Gewährsleuten für die These, Kinder seien von Natur aus für die Philosophie prädestiniert, stoßen wir weiter auf John Locke, Giambattista Vico und Immanuel Kant. Locke ermahnt uns dazu, selbst kleine Kinder als rationale Wesen zu behandeln, die Vernunftgründen zugänglich sind: »Sie können nicht die Kraft langer logischer Ableitungen fassen; die Vernunftgründe, die sie überzeugen, müssen offenkundig und ihrem Denken angepaßt sein«. Er rät Eltern, auf alle Fragen der Kinder intensiv einzugehen, »und vielleicht ist eine derartige Unterhaltung für einen Erwachsenen durchaus nicht so müßig, wie es für ihn den Anschein haben mag. Die frischen und unverbildeten Ideen nachdenklicher Kinder können oft einem verständigen Manne viel zu denken geben. Und ich denke, es gibt oft von den unerwarteten Fragen eines Kindes mehr zu lernen als von Männergesprächen…« Der italienische Philosoph Giambattista Vico (1688-1744) beklagt in seiner Schrift »Vom Wesen und Weg der geistigen Bildung«, daß der naturwissenschaftliche Unterricht die »spezifisch philosophische Fähigkeit« der Schüler ersticke, die Fähigkeit nämlich, »die Analogien zu sehen zwischen Dingen, die weit auseinanderliegen und scheinbar höchst verschieden sind«.

In seiner »Methodenlehre« der »Kritik der praktischen Vernunft« von 1788 billigt Kant jedem Menschen vom Kindesalter an einen natürlichen Hang zur Vernunft zu, was ihn zur

Prüfung sittlicher Fragen befähige. Bei der Untersuchung derartiger Fragen anhand von Beispielen menschlicher Handlungen in konkreten Situationen könne der Lehrer den »natürlichen gesunden Verstand« der Kinder benutzen und ihnen wie der platonische Sokrates zum selbständigen Nachdenken verhelfen. »Denn wenn jemand der Vernunft des anderen etwas abfragen will, so kann es nicht anders als dialogisch geschehen, daß Lehrer und Schüler einander wechselseitig fragen und antworten. Der Lehrer leitet durch Fragen den Gedankengang seines Lehrjüngers, dadurch daß er die Anlage zu gewissen Begriffen in demselben durch vorgelegte Fälle bloß entwickelt (er ist die Hebamme seiner Gedanken); der Lehrling, welcher hierbei inne wird, daß er selbst zu denken vermöge, veranlaßt durch seine Gegenfragen (über Dunkelheit oder den eingeräumten Sätzen entgegenstehende Zweifel), daß der Lehrer nach dem docendo discimus (sc. durch Lehren lernen wir) selbst lernt, wie er gut fragen müsse«.

Damit beschreibt Kant einen möglichen Modus des Gesprächs mit Kindern über philosophische Fragen; ich möchte ihn den unterrichtlichen nennen. Der »Lehrende« ist im Besitz des Wissens; aus dem Gespräch mit dem »Lehrling« lernt er nur, »wie gut er fragen müsse«. In einem gelungenen philosophischen Gespräch kommen aber beide, der Lehrer mindestens ebenso wie der Schüler, in der Sache weiter, sind die Unterredenden immer zugleich Gebende und Nehmende. Wir können nicht annehmen, daß Kant sich dazu herbeigelassen hat, mit Kindern zu philosophieren. Wenn er es getan hätte, hätte er neben der Achtung, vor der Fähigkeit der Schüler, selbständig zu denken, ihnen sicherlich auch wie Locke Bewunderung für ihre oft überraschenden Einfälle gezollt.

Mut und Bereitschaft, mit Kindern auf gleicher Ebene in einen Dialog über schwierige Fragen von allgemein menschlicher Bedeutung einzutreten, auf die auch der Erwachsene keine endgültigen Antworten bereithält, brachten erst die Reformpädagogen auf. Im Zuge der um die Wende zu unserem Jahrhundert einsetzenden Bestrebungen zu einer kulturellen und sozialen Erneuerung suchten auch Pädagogen neue Wege weg von der autoritären Lernschule hin zu einem dialogischen und »kindzentrierten« Lernen. Herman Nohl äußert sich über die »kindertümliche Form« des Gesamtunterrichts der »Unterstufe« wie folgt: »Die Frage des Kindes leitet, wenn auch der Lehrer sich ganz bestimmte Ziele steckt. Langsam gehen dem kleinen Menschen, der viel metaphysischer denkt, als der Erwachsene meist ahnt, Dinge auf wie der Sterncharakter der Erde, daß es im Weltraum kein oben und unten gibt, das Geheimnis der Unendlichkeit, das Wunder des Lebens, die merkwürdige Tatsache des Gesetzes, die Macht der Zahl, dann aber auch Fragen wie das Theodiceeproblem (sc. wie Leid und Böses mit der Existenz eines gütigen und allmächten höchsten Wesens zu vereinbaren sind), das schon Vierjährige lange beschäftigen kann, die sittliche Frage der Freiheit usw. Wer das philosophische Staunen der Kinder in solchem Unterricht miterlebt hat... kennt seine philosophischen Möglichkeiten. Alle Problematik ist...hier noch zusammengehalten durch das gläubige Einheitsgefühl des Kindes, dem Wirklichkeit und Märchen, Wirklichkeit und Ideal bei aller Skepsis unausgesetzt durcheinandergehen«.

Für den deutschen Existenzphilosophen Karl Jaspers gehört es zu einer der Merkwürdigkeiten einer »Philosophie ohne Wissenschaft«, daß »das philosophische Denken jederzeit ursprünglich sein muß«. »Jeder Mensch muß es selber vollziehen«. Er erblickt in den Fragen der Kinder »ein wunderbares Zeichen dafür, daß der Mensch als solcher ursprünglich philosophiert. Gar nicht selten hört man aus Kindermund, was dem Sinne nach unmittelbar in die Tiefe des Philosophierens geht«. Um diese Erfahrung zu illustrieren, gibt er u.a. folgende Beispiele: »Ein Kind wundert sich: ›Ich versuche immer zu denken, ich sei ein anderer, und bin doch immer wieder ich‹. Dieser Knabe rührt an einen Ursprung aller Gewißheit, das Seinsbewußtsein im Selbstbewußtsein. Er staunt vor dem Rätsel des Ichseins, diesem aus keinem anderen zu Begreifenden. Er steht fragend vor dieser Grenze... Ein anderes Mädchen geht zum Besuch eine Treppe hinauf. Es wird ihm gegenwärtig, wie doch alles immer anders wird, dahinfließt, vorbei ist, als ob es nicht gewesen wäre.›Aber es muß doch etwas Festes geben können,... daß ich hier die Treppe zur Tante hinaufgehe, das will ich behalten‹. Das Staunen und Erschrekken über die universale Vergänglichkeit im Hinschwinden sucht sich einen hilflosen Ausweg«.

Jaspers schließt diese Betrachtung mit den Worten: »Wer sammeln würde, könnte eine reiche Kinderphilosophie berichten. Der Einwand, die Kinder hätten das vorher von Eltern oder anderen gehört, gilt offenbar gar nicht für die ernsthaften Gedanken. Der Einwand, daß diese Kinder doch nicht weiter philosophieren und daß also solche Äußerungen zufällig sein könnten, übersieht eine Tatsache! Kinder besitzen oft eine Genialität, die im Erwachsenenalter verlorengeht. Es ist, als ob wir mit den Jahren in das Gefängnis von Konventionen und Meinungen, der Verdeckungen und Unbefragtheiten eintreten, wobei wir die Unbefangenheiten des Kindes verlieren. Das Kind ist noch offen im Zustand des sich hervorbringenden Lebens, es fühlt und sieht und fragt, was ihm dann bald entschwindet«.

In dem Essay »Das Kind und der Metaphysiker« stellt Bernhard Groethuysen zwischen der Metaphysik und dem Zustand der Kindheit folgenden Bezug her: der Metaphysiker versuche, von allen Deutungen der Welt abzusehen, genauso wie das Kind die Welt vor allen Deutungen und ohne Wissen von ihr erlebt. Zur Verdeutlichung dieses Gedankens wählt er eine Episode aus der frühen Kindheit von Sören Kierkegaard: »Einmal jedoch erkannte er, daß es neben seiner Welt noch etwas anderes gab... Es war, als hätte er etwas ganz Neues entdeckt. Vielleicht hätte man es die Seele nennen können, oder das Gefühl, etwas trage einen, oder auch das Gefühl der absoluten Einsamkeit. Es scheint ihm jetzt, erst damals sei er zum ersten Mal ganz er selbst gewesen und auch heute brauche er nur viele Dinge zu vergessen, um von neuem der zu sein, der er damals war. So gibt es Augenblicke im Leben, von wo an alles, was sich später ereignet, wie eine Folge von Träumen erscheint... Und in seinem Leben war das ein solcher Augenblick; oder man kann auch sagen, daß uns in derartigen Augenblicken etwas wie ein Staunen oder eine Frage erfaßt, und daß alles, was nachher kommt, nur eine Folge von Deutungen oder Erklärungen ist, aber keine Antwort«.

Kurios nimmt sich abschließend des großen Schopenhauers Urteil zur Möglichkeit und Wünschbarkeit des Philosophierens mit Kindern aus. Auf der einen Seite bescheinigt er Kindern Genialität und befindet: »Das Cerebralsystem gelangt früher zu seiner Vollendung als der ganze übrige Körper... daher sind Kinder bis zur Pubertät ...zu aller bloß theoretischen Beschäftigung aufgelegter und tauglicher als Erwachsene und eben darum auch glücklicher«. Andererseits heißt es bei ihm: »Weil die Urteilskraft am spätesten reift und früh eingesogene Irrtümer fast unauslöschlich sind, soll man Kinder bis zum 16ten Jahr von allem abhalten, worin große Irrtümer seyn können, also von aller Philosophie, Religion und allgemeinen Ansichten jeder Art, und sie bloß solche Dinge treiben lassen worin entweder kein Irrtum möglich oder keiner von Wichtigkeit ist, also Sprachen, Mathematik, Naturkunde, Geschichte...: überhaupt in der Kindheit und Jugend bloß data sammeln« (Berliner Manuskriptbücher). Als ob es beim Philosophieren überhaupt und beim Philosophieren mit Kindern im besonderen nicht weniger auf die Resultate als vielmehr auf den Prozeß des Denkens ankäme!

Vielleicht brauchen wir dem Urteil Schopenhauers in dieser Frage kein zu großes Gewicht beizulegen, da es ihm als eingeschworenem, lebenslangen Junggesellen an einschlägigen Erfahrungen im Umgang mit Kindern durchaus gefehlt haben dürfte. Aber vielleicht hat Schopenhauer auch einen konventionellen Philosophieunterricht nach Art der religiösen Unterweisung im Auge gehabt, wo Kinder im Unterschied zur philosophischen Untersuchungsgemeinschaft eher Gefahr laufen, Indoktrinationen und intellektuellen Zumutungen wehrlos ausgesetzt zu werden: »Wenn die Welt ehrlich genug geworden seyn wird, um Kindern vor dem 15ten Jahr keinen Religionsunterricht zu ertheilen; dann wird etwas von ihr zu hoffen seyn«. (Adversaria).

44

Zusammenfassend lassen sich drei Grundhaltungen von Philosophen zum Philosophieren von und mit Kindern erkennen:

1. Die Philosophie wird für Kinder empfohlen als Quelle der Belehrung und Anleitung zum rechten Leben und Sterben sowie als geistiges Training (Epikur, Montaigne, Kant).

2. Philosophie verdankt sich selbst metaphysischen Urerlebnissen in der Kindheit und kindlichen Fragen (Jaspers, Groethuysen).

3. Kindern wird die Fähigkeit zum Philosophieren abgesprochen bzw. wird angeraten, sie von Philosophie fernzuhalten (Aristoteles, Schopenhauer).

Von den beiden einflußreichsten Verfechtern der modernen Kinderphilosophie, wie sie sich in den letzten zehn Jahren herausgebildet hat, arbeitet Lipman eher unter dem Vorzeichen »Philosophie als Belehrung und Training« für Kinder, während Matthews eher den Vertretern der zweiten Position nahesteht, denn für ihn ist Philosophie nichts anderes als der Versuch, »ausgereifte Antworten auf kindliche Fragen« zu geben. Das Gespräch mit Kindern über diese Fragen ist ihm wie Locke eine Quelle philosophischer Inspiration. Von den Beiträgen dieser beiden amerikanischen Philosophen zur Kinderphilosophie wird später noch die Rede sein.

IV
Entwicklungsstufen des Denkens

W as sagt nun die Entwicklungspsychologie – in unseren Tagen die herrschende Autorität, wenn es um Kinder und Jugendliche geht – zur These von der natürlichen Nähe der Kinder zur Philosophie und was können wir von ihr über das kindliche Weltbild erfahren?

Schon der eigentliche Begründer der modernen Entwicklungspsychologie, William Stern, war darauf aufmerksam geworden, daß das Kind sich früh die Frage nach der Herkunft und Genese alles Existierenden stellt und in der Suche einer Antwort beim *lieben Gott«* anlangt, von dem ihm die Erwachsenen gesprochen haben. Das Kind macht die weittragende Entdeckung, daß alles um es herum einmal entstanden sein muß, und es folgert daraus, daß auch Gott keine Ausnahme von dieser Regel bildet.

Günther, der fünfjährige Sohn William Sterns, denkt: »Wie das merkwürdig ist, daß sich der liebe Gott selber schaffen kann!« Diese verbürgte Episode offenbart die Fähigkeit selbst jüngerer Kinder zum abstrakten, schlußfolgernden Denken. Aus den Vordersätzen »Alles, was existiert, ist geschaffen« und »Gott existiert« folgert der Fünfjährige: »Also ist Gott von Gott geschaffen«. Und in einem zweiten Gang kommt er von den Vordersätzen »Alles, was existiert, ist von Gott geschaffen« und »Gott existiert« zu der Schlußfolgerung »Also ist Gott von Gott geschaffen« d. h. »Gott hat sich selbst geschaffen«. Der junge Denker hält an diesem Denkresultat fest, obwohl es ihm »merkwürdig« vorkommt. Er hat vielleicht zum ersten Mal in seinem Leben erfahren, wie sich das Denken in sich selbst verfängt und ausweglose Paradoxien gebiert.

Die Neigung des Kindes, allumfassende und grundsätzliche Fragen zu stellen, findet in dem Thema »Gott« einen bevorzugten Denkgegenstand. Der auch etwa fünfjährige Thomas, der Sohn von David Katz, einem bedeutenden Entwicklungspsychologen der Zwanziger Jahre, dem wir die oben wiedergegebene Gesprächssequenz zum Thema »Gott und Menschen« verdanken, fragt bei einer anderen Gelegenheit: »Oder hat vielleicht Gott zuerst alles anders geschaffen?« – eine Frage, wie sie ähnlich in mittelalterlichen Religionsgesprächen erörtert wurde. Oder: »Mami, Gott ist doch kein Mensch?« – Mutter: »Nein, Gott ist kein Mensch«. – »Es gibt doch keinen Gott, die Männer haben doch den lieben Gott nicht gesehen, es gibt doch keinen Gott«. Da für ihn nur die sichtbaren Dinge existieren und ihm gesagt wird, man könne Gott nicht sehen, folgert er, daß auch Gott nicht existiert.

Stern zitiert in diesem Zusammenhang folgenden bemerkenswerten Gedanken eines etwa siebenjährigen Jungen. Der Junge fragte: »Was gab es vor der Welt?« – Antwort: »Gott«. – »Und vor Gott?« – »Nichts« – Darauf der Junge: »Nein, es muß den Platz gegeben haben, wo Gott ist«.

Auf das Problem der Theodicee, der Rechtfertigung Gottes, stoßen Kinder in ihrem Nachdenken über Gott, dessen Allmacht und Allgüte ihnen unvereinbar erscheint mit den offenkundigen Unvollkommenheiten seiner Schöpfung. Charlotte Bühler notiert in ihrem Buch »Kindheit und Jugend« von 1928:

»Rolf, 4 Jahre und 4 Monate alt, sah ein blindes Kind und ist außerordentlich erregt, daß der liebe Gott das gemacht hat, das sei doch nicht recht. Einige Tage später sprechen die Kinder im Park über eine schöne Stelle, die sie zeichnen möchten. Rolf sagt sofort, er könne es ja doch nicht, das könne überhaupt nur ein großer Künstler. Plötzlich ausbrechend: ›Weißt du, der größte Künstler ist ja der liebe Gott. Der macht das ohne Farben und alles und sagt einfach, das soll schön werden, und dann wird es schön««. Inge, 5 Jahre und 9 Monate, raisoniert: »›Also, der liebe Gott sieht und weiß alles‹. – Pause – ›Also das hat der liebe Gott doch sehr gut gemacht, daß es Tränen gibt. Also, was täte man denn machen, wenn einem etwas sehr sehr weh täte, wo man wirklich weinen muß, wenn man keine Tränen hätte, mit was könnte man dann weinen?‹. Von einem Käfer, den in eine Schachtel zu sperren man ihr verbietet, fragend: ›Der liebe Gott hat es gemacht, damit sich die Menschen daran freuen?‹ und fragt dann sofort ähnlich wie in den Sagen der Naturvölker, wozu der liebe Gott aber Ungeziefer gemacht habe«.

Das Denken der Kinder über Gott ist anthropomorphistisch, d.h. Gott wird vermenschlicht und sein Wirken nach dem Schema des menschlichen Herstellens von Dingen gedeutet. Gott verfolgt mit dem, was er »macht«, bestimmte Zwecke, die das Kind auf den Menschen und letzten Endes auf sich selbst gerichtet sieht. In dem kindlichen Hang, sich die Erscheinungen der Welt als zweck- und zielbestimmt zu erklären, mag das »metaphysische Bedürfnis« nach Sinnerklärungen wurzeln. Der Psychologe Karl Bühler fragt: »Wenn das letzte Ziel jeder philosophischen Spekulation doch wieder die Annahme eines Sinnzusammenhangs der Welt ist, hängt das am Ende mit dem Wesen unseres Geistes zusammen, das ebenso deutlich in seinen sublimsten wie in seinen primitivsten Regungen zum Vorschein kommt?«

Dafür, daß schon junge Kinder in ihrem Weiterdenkenwollen »mit Notwendigkeit« auf philosophische Probleme stoßen wie das des unendlichen Regresses und der daraus resultierenden Antinomie, daß das Denken zu jeder Ursache eine Ursache verlangt und doch bei einer letzten Ursache zur Ruhe kommen will, gibt William Stern folgendes Gespräch als Beleg wieder, das seine Tochter Hilde mit 4 Jahren und zwei Monaten mit der Mutter führte: Hilde: »Wer ist bei mir gewesen, als die Mutter klein war?« Mutter: »Da war die Hilde noch gar nicht da; als ich klein war, war ich bei meiner Mutter, der Großmutter«. –

Hilde: »Wer war bei der Großmutter, als sie klein war?« – »Die Urgroßmutter«. – »Und wer war bei allen Müttern?« – Freilich beruhigte sich das Kind mit der Antwort: »Jeder war immer bei seiner Mutter«.

Der Entwicklungspsychologe Katz faßt zusammen: »Die metaphysischen Probleme der Kosmogonie und Theologie ragen in seine (sc. des Kindes) Gedankenwelt hinein, ...sicher ist, daß sie ihnen nachgehen, nachdem der Erwachsene sie darauf aufmerksam gemacht hat, ja manche Gespräche verraten etwas von dem bohrenden Interesse, das ihnen sonst nur der Erwachsene zuwendet...Sind diese Fragen erst einmal in Gang gekommen, so geht das Kind ihnen nach und kann sich verletzt fühlen, wenn der Erwachsene ihm die Auskunft darüber für eine spätere Zeit in Aussicht stellt. Allerdings ist das Interesse des Kindes nicht immer gleich wach, aus nicht erkennbaren Gründen läßt das Kind diese Fragen wieder einmal längere Zeit unangetastet liegen«. Die Kinder des Ehepaars Katz fragten im Vorschulalter außer nach der Existenz Gottes nach Tod und Unsterblichkeit, woher der einzelne Mensch und die Menschen überhaupt kommen, nach dem Sein der Menschen und dem der Tiere, ob es mit allem, was lebt, mit dem Tod vorbei sein wird, warum man nicht das träumte, was man sich ausdenkt, ob man Gedanken sehen kann, ob die Tiere vor den Menschen da waren, woher Bäume, Blumen und Tomaten kommen, ob Fische sich freuen können (»Die Fische freuen sich nicht, sie haben ja keine Stimme«) usf.

Eva Becker hat 1933 »Untersuchungen zur kindlichen Theoriebildung« vorgelegt, aus der wir im folgenden einige Beobachtungen zu den Vorstellungen von Kindern über das Wesen der Seele referieren. Kindergartenkindern scheint der Begriff »Seele« augenscheinlich noch nicht geläufig zu sein. Erst Schulkinder beginnen, von sich aus von der Seele zu sprechen.

S., 13;2 J.: »Wenn man den letzten Atem ausstößt, kommt die Seele raus aus dem Munde. Wenn der Mensch noch warm ist, muß man das Fenster aufmachen, daß sie raus kann; sie kann auch durch das Schlüsselloch, wenn kein Schlüssel steckt«. P., 7;5 J: »Die Seele ist wie Luft, gar nicht zu sehen, so wie Gas, man sieht es nicht, aber man riecht doch, daß es da ist: so ist die Seele!« Joachim 11;6 J.: »Geist und Seele ist so ziemlich dasselbe. Die Seele, das ist der Gedanke«.

Die Autorin fragt angesichts der Ungereimtheiten religiöser Unterweisung zu Recht: »Wie kann ein Kind sich durch diese Widersprüche wie zwischen der Idee der Körperseele und der einer rein geistigen Psyche hindurchwinden?«

Ein anderes Thema der Entwicklungspsychologie ist die Einstellung des Kindes zum Tod. Wir erfahren, daß das jüngere Kind nur unbestimmte Vorstellungen vom Tode hat und, wenn überhaupt, nur eine vage Unterscheidung zwischen tot und lebendig trifft. Erst ab fünf Jahren haben Kinder im allgemeinen eine Ahnung von der Tragik des Todes. Ein etwa fünfjähriges Mädchen sagt: »Ich habe solche Angst zu sterben, wenn keiner da ist, der es sieht«. Sully, ein anderer wichtiger Vertreter der frühen deutschen Entwicklungspsychologie, berichtet von einem dreieinhalbjährigen Mädchen, das nicht sterben wollte und seine Mutter bat, ihm einen Stein auf den Kopf zu legen, damit es nicht wachse und altere.

Die Forschung zeigt, daß die Einstellungen von Kindern zum Problem des Todes sehr verschiedenartig sind, wobei neben den Unterschieden in der psychischen Verfassung eigene Erfahrungen und Erlebnisse sowie das weltanschauliche Umfeld eine Rolle spielen. Der Mediziner und Psychologe Erich Stern belegt in einem Aufsatz von 1933, daß fast alle Zehnjährigen, zum Teil sogar jüngere Kinder, sich schon mit Gedanken an den Tod und das Sterben beschäftigt haben, wobei zumeist der Gedanke an den eigenen Tod mitschwingt. »Dabei kann man die zunächst merkwürdig anmutende Erfahrung machen: der Tod wird von einzelnen Kindern noch im zehnten Lebensjahr nicht als etwas Wirkliches angesehen: ›ich glaube, man stirbt gar nicht richtig‹, oder, ›wenn man begraben ist, lebt man weiter‹, oder ›die Leute sagen, die Seele stirbt nicht, ich aber denke mir, daß man überhaupt nicht stirbt‹« usf. Diese Vorstellungen finden ihr Gegenstück in Ideen von Erwachsenen, für die der Tod etwas Unwirkliches, ein Schein ist, und daß vielleicht »fast jeder Mensch irgendwo im tiefsten Winkel seiner Seele davon überzeugt sei, daß der Tod ihn nicht treffen wird. Für viele Menschen gilt dies ganz zweifellos. Natürlich sprechen sie nicht darüber, da sie fürchten, sich durch solche Gedanken lächerlich zu machen. Sie sind höchst erstaunt, wenn sie hören, daß andere Menschen die gleichen Vorstellungen haben. Auch aus dem Erinnerungsmaterial ersehen wir gelegentlich, daß der Tod in der Kindheit nicht als eine Realität genommen wurde. ›Ich konnte mir nicht vorstellen, daß ich einmal nicht mehr auf der Welt sein würde und daß es ein Leben geben könne, ohne daß ich auch dabei wäre. Natürlich war mir dies nicht so begrifflich klar, aber ich hatte doch eine Vorstellung dieser Art. Ich glaubte immer, das Leben würde ewig dauern‹«. Für andere Kinder ist Tod und Sterben gewissermaßen ein Fest, in dem sie die Hauptperson sind: »Wenn ich krank bin und es immer schlechter wird, dann muß ich sterben. Da weinen meine Eltern und mein Bruder sehr um mich...«, es folgt eine rührende Ausschmückung der Begräbnisfeierlichkeiten.

Nach dem vollzogenen Erwerb der Muttersprache arbeitet jedes Kind daran, sich eine, wenn auch noch so vorläufige und fragmentarische *Weltanschauung* zu bilden. Die Gedankenwelt des Kindes wird zwar geprägt von seiner Familie, ihren Werten und Anschauungen, und später von der Schule, aber wie es diese Einflüsse nach seinen Kräften geistig umschafft, zu seinem geistigen Eigentum macht, ist seine ureigene, erstaunliche Leistung. Ungeachtet der je individuellen inhaltlichen Ausgestaltung der kindlichen Weltbilder versucht die Entwicklungspsychologie, allgemeingültige formale Eigenarten des Denkens auf unterschiedlichen Altersstufen herauszuarbeiten und die beobachteten Veränderungen theoretisch zu erklären.

Wie kein anderer hat der Schweizer Psychologe, Biologe

und Philosoph Jean Piaget die moderne Entwicklungspsychologie geprägt. Der Ertrag eines reichen Forscherlebens ist nicht auf wenigen Seiten darzustellen. Doch wenigstens sollen hier seine Untersuchungen zum kindlichen Weltbild, insofern sie für die Kinderphilosophie von Belang sind, kurz referiert werden.

Piaget gilt als der Begründer der genetischen Epistemologie, der Erforschung der Entwicklungsverläufe des menschlichen Wissens- und Erkenntnisvermögens. Er fragt nach der systematischen und gesetzmäßigen Abfolge der Denk- und Erkenntnisleistungen von den »primitiven« Anfängen beim Neugeborenen bis hin zum vollentwickelten Erkenntnisvermögen des Erwachsenen. Die Beurteilung der Denk- und Erkenntnisleistungen auf früheren Stufen der geistigen Entwicklung erfolgt dabei nach dem Grad ihrer Annäherung an das voll entwickelte »wirklichkeitsadäquate« Denken des Erwachsenen in unserer Kultur. Für Piaget baut das Kind in aktiver Auseinandersetzung mit seiner Umwelt im Laufe seiner Entwicklung seine jeweiligen Konzepte und Regelsysteme so um, daß sie den komplexen Strukturen der materiellen und ideellen Wirklichkeit immer besser entsprechen. Die großen Monographien Piagets handeln u. a. von der Entwicklung des Begriffs der Kausalität, des moralischen Urteils, des Raum-, Zeit-, Zahl-Mengenbegriffs und der Entwicklung des sprachlichen, mathematischen, physikalischen, biologischen, psychologischen und soziologischen Denkens. Das Buch, das die Metaphysik der kindlichen Welt, die kindliche Weltsicht, zum Gegenstand hat und das von besonderem philosophischen Interesse ist, trägt den deutschen Titel »Das Weltbild des Kindes«; es ist schon 1926 erschienen.

In »Das Weltbild des Kindes« geht Piaget folgenden Fragen nach: »Welche Vorstellungen haben die Kinder in den verschiedenen Stadien ihrer intellektuellen Entwicklung spontan von der Welt? Auf welchen Wirklichkeitsebenen bewegt sich dieses Denken? Mit anderen Worten, glaubt das Kind wie wir Erwachsenen an eine ›wirkliche‹ Welt, und macht es einen Unterschied zwischen diesem Glauben und den verschiedenen

Fiktionen seines Spiels und seiner Einbildungskraft? In welchem Maße unterscheidet das Kind zwischen der äußeren und inneren oder subjektiven Welt, zwischen der physisch – materiellen und der psychisch – geistigen Wirklichkeit, wie zieht es eine Grenze zwischen dem Ich und der objektiven Wirklichkeit?«

Zur Untersuchung dieser Fragen befragt Piaget Kinder verschiedenen Alters über ihre Auffassungen und Ansichten über die Welt. Dabei ist sich Piaget bewußt, daß die Wirklichkeitsdeutungen, die das Kind hervorbringt, im und durch das Interview erst erzeugt werden können. Es liegt eine gewisse Ironie darin, daß der Wirklichkeitsstatus der von Piaget erfragten kindlichen Wirklichkeitsdeutungen fragwürdig ist; m. a. W. was ist die »objektive« Wirklichkeit der Ideen der Kinder, inwieweit ist ihre Wahrnehmung durch Piaget beeinflußt von seinen Erwartungen und theoretischen Einstellungen, inwieweit suggeriert er durch seine Fragen an das Kind bestimmte Antworten? Hat u. U. Piaget selbst einen naiven Wirklichkeitsbegriff?

Der beherrschende Grundzug des kindlichen Denkens ist für Piaget sein »Egozentrismus«, d. h. die Tendenz, bei der Wahrnehmung und Deutung der Wirklichkeit nur ungenügend zwischen dem eigenen Ich und der Welt, zwischen subjektiven und objektiven Gehalten, zwischen Innen und Außen zu unterscheiden. Das Denken des jüngeren Kindes ist danach adualistisch, die Grenzen zwischen der psychischen und physischen Wirklichkeit verschwimmen. Das Kind schließt von seinen inneren Erfahrungen auf die Objektwelt: weil das Kind an sich erfährt, wie es denkt, weiß, will, fühlt usw., sind ihm alle Dinge denkende, wissende, wollende, fühlende Wesen. Das jüngere Kind redet mit Sonne und Wind, Stein und Baum, Puppe und Blumen, hat zu ihnen Beziehungen wie zu Menschen, schilt sie, droht ihnen, gibt Aufträge und sucht auf sie einzuwirken. Piaget bezeichnet die Auffassung der Beseeltheit aller Dinge als »Animismus« und die damit verbundene Vorstellung, man könne unmittelbar von Geist zu Geist auf die Wirklichkeit einwirken, als »magisches Denken«. Realistisch ist Piaget zufolge das Denken des Kindes insofern, als es »nicht weiß, daß es ein Ich gibt und deshalb die eigene Betrachtungsweise für unmittelbar objektiv und absolut hält«. In Wörtern und Träumen sieht das junge Kind nicht wie der Erwachsene subjektive Phänomene, sondern schreibt ihnen eine reale Existenz und einen Dingcharakter zu.

Die Unterscheidung zwischen Geistig-Seelischem und Körperlichem ist für Piaget Voraussetzung für das Selbstverständnis einer Person als Person im Gegensatz zu den Dingen, und das Verständnis für die eigene innerpsychische Welt ist die Grundlage für das Verständnis des Fremdpsychischen in anderen Personen.

Piaget untersucht den kindlichen Realismus anhand der »Vorstellungen« des Kindes über das Denken, die Namen und die Träume, den kindlichen Animismus anhand der Frage nach dem den Dingen zugesprochenen Bewußtsein und nach dem Verständnis des Begriffs »Leben« und den kindlichen Artifizialismus anhand der Frage nach dem Ursprung der Gestirne, der Wettererscheinungen, der Gewässer, der Bäume, der Berge und der Erde. Es folgen kurze Zusammenfassungen der Piagetschen Befunde zu einigen dieser Themen:

Der Begriff »Denken«: Piaget fragt: »Weißt Du, was das ist ›denken‹?« Im ersten Stadium, um das sechste Lebensjahr, glaubt das Kind, man denke mit dem Mund oder mit den Ohren. Für das Kind in diesem Alter ist Denken Nachdenken. Die Gedanken, die Wörter und die Dinge, an die man denkt, sind miteinander vermengt und werden z.T. als identisch beschrieben. Die Wörter stellen für das Kind eine materielle Realität dar: »Die Wörter haben für das Kind tatsächlich nichts Innerliches oder Psychisches an sich«.

Im zweiten Stadium, um das achte Lebensjahr, wird das Denken in den Kopf verlegt. Gedanken sind nicht etwas von der Materie Geschiedenes. Das Denken, die Dinge, an die man denkt, und die Wörter sind für das Kind ein und dasselbe. Ein achtjähriges Mädchen: »Das Gedächtnis ist ein Ding, das sich im Kopf befindet und das macht, daß wir denken. – Wie glaubst du, sieht dieses Gedächtnis aus? – Es ist ein kleines Viereck, in einer Haut, ein wenig oval, und darin sind die Geschichten. – Wie sind diese Geschichten darin? – Sie sind auf das Fleisch geschrieben. – Womit? – Mit Bleistift. – Wer hat sie geschrieben? – Der liebe Gott. Bevor ich geboren worden bin, hat er sie hineingetan«.

Im dritten Stadium, in der Regel etwa ab dem 11. Lebensjahr, ist das Kind imstande, das Denken und die Träume als etwas Immaterielles, Unsichtbares, Unbetastbares usw. im Kopf zu lokalisieren und zwischen den Dingen und dem Wort zu unterscheiden.

Die Namen: Auf die Frage nach der »Natur« der Namen, wo die Namen herkommen, wo sie sind, wie die Dinge zu ihrem Namen kommen und ob sie ihren Namen kennen, geben Kinder bis zum Alter von ca. sechs Jahren Antworten, die darauf schließen lassen, daß Ding und Name für sie identisch ist, daß die Namen das Wesen einer Sache sind. Ein Sechsjähriger meint: »Wenn es keine Wörter gäbe, wäre es schön langweilig. Man könnte nichts fabrizieren«. Ab dem achten Lebensjahr wird zunehmend zwischen Zeichen und Gegenstand unterschieden (»Der liebe Gott hat uns die Namen gegeben«) und im dritten Stadium (9–10 Jahre) wird die Auffassung vertreten, daß »die Namen von Menschen erfunden sind«. Für Piaget ist die Differenzierung zwischen Ding und Zeichen eine Folge der mit sieben bis acht Jahren einsetzenden Bewußtwerdung des eigenen Denkens, die wiederum entscheidend durch das Gespräch mit anderen gefördert wird.

Die Träume: An dem Phänomen des Träumens läßt sich die fortschreitende Differenzierung von Innen und Außen und von Denken und Materie gut untersuchen. Mit ca. 5 – 6 Jahren hat das Kind noch Mühe, Traum und Realität nicht zu verwechseln, und es glaubt, der Traum komme von außen, befinde sich im Zimmer und man träume mit den Augen. Auf die Frage, woher die Träume kommen, antwortet ein Siebenjähriger: »Von außen. – Wer schickt sie? – Männer. – Was hast Du geträumt? – Von einem überfahrenen Mann.- War dieser Traum vor dir oder in dir? – Vor mir. – Wo denn? – Unter meinem Fenster. – Hätte ich ihn gesehen, wenn ich dort gewesen wäre? – Ja«. Ab dem achten Lebensjahr erklärt das Kind, man träume mit der »Seele, mit dem Denken«, der Traum aber »gehe hinaus«, es allein sehe den Traum. Das dritte Stadium (ab 9–10 Jahren etwa) wird so charakterisiert: »Der Traum ist innerlich und kommt von innen«, er wird wie das Denken und die Namen entmaterialisiert und als subjektives Phänomen verinnerlicht.

Das Bewußtsein: Daß das Kind nicht zwischen Psychischem und Physischem, zwischen Ich und Außenwelt unterscheidet, führt dazu, daß es Dinge, die für den Erwachsenen tote Materie sind, für beseelt und mit Bewußtsein und Absichten ausgestattet hält. Sein Denken ist animistisch wie das der »Naturvölker«, das auch keinen Unterschied zwischen Geist und Materie kennt.

Piaget fragt: »Wenn ich dich mit einer Nadel steche, dann spürst du etwas. Und wenn ich diesen Tisch steche, spürt er dann auch etwas? ... Warum ja? Warum nein?« Die Antworten auf die mit Bedacht variierten Fragen ordnet Piaget vier aufeinanderfolgenden Stufen zu. Auf der ersten Stufe, im Durchschnittsalter von 6–7 Jahren, hat alles, was irgendwie aktiv ist, ein Bewußtsein. So hat ein Schiff, das Wasser, eine Blume Bewußtsein, ein Stein nicht, oder nur, wenn er bewegt wird. Nach dem achten Lebensjahr ungefähr schreiben die Kinder ausschließlich bewegten Dingen wie Sternen, Fahrzeugen, Tieren usw. Bewußtsein zu; auf der dritten Stufe unterscheidet das Kind zwischen der Eigen- und Fremdbewegung, so daß nur mehr Objekte wie die Gestirne, der Wind usw., aber nicht mehr Fahrräder als bewußt gelten. Auf der vierten Stufe, nach dem zehnten Lebensjahr, wird das Bewußtsein den Tieren (und teilweise den Pflanzen) vorbehalten.

Während Piaget davon überzeugt war, daß das jüngere Kind, wenn überhaupt, kaum zur Selbstreflexion fähig ist, haben neuere Untersuchungen ergeben, daß Kinder schon im

Alter von 4–5 Jahren ein gewisses Bewußtsein von dem eigenen Denken und seiner Subjektivität entwickeln. So berichtet schon David Katz, daß sein fünfjähriger Sohn Vorgänge des eigenen Bewußtseins wahrnahm, was aus folgenden Äußerungen des Kindes hervorgeht:

Vater: »Hast Du denn Sorgen? Was sind das für Sorgen?« T: »Das sage ich nicht«. V: »Was sind denn Sorgen?« T: »Es sind Gedanken, die Sorgen«. V: »Hast du sie gesehen?« T: »Man kann sie nicht sehen«.

Der amerikanische Psychologe Wellman untersuchte kürzlich das Verständnis von Kindern im Vorschulalter für mentale Prozesse. Bereits in der sog. »vorbegrifflichen Phase« im Alter von drei Jahren sind sich danach Kinder in Ansätzen der Tatsache bewußt, daß innere und äußere Realität verschieden und voneinander unabhängig sind. »Das habe ich mir nur ausgedacht«, sagen Kinder im Alter von vier Jahren zum ersten Mal und sie können u.a. auch verschiedene geistige Prozesse wie »wissen« und »raten« bzw. »wissen« und »glauben« differenzieren und auf Befragen den Unterschied erklären. Wellman führt das Verständnis der jüngeren Kinder für geistige Prozesse u.a. auf die direkte Erfahrung der eigenen geistigen Tätigkeit zurück: Denken »fühlt« sich einfach anders »an« als beispielsweise Wissen.

Bereits 4–6-Jährige begreifen, daß andere nicht unbedingt genau dasselbe wissen oder denken wie sie selbst. Man denke daran, wie gerne Kinder in diesem Alter versuchen zu »schummeln«: der andere soll etwas denken, von dem das Kind weiß, daß es nicht stimmt. Darin kommt zum Ausdruck, daß Kinder schon in frühem Alter in der Lage sind, bis zu einem gewissen Grad sich in andere hineinzuversetzen, die Perspektive des anderen einzunehmen, das eigene und das Denken anderer zu unterscheiden.

Das Gespräch mit Erwachsenen ist für die Herausbildung der Fähigkeit zur Selbstreflexion und zur objektivierenden Betrachtung von Gedanken, Wahrnehmungen und Gefühlen sehr wichtig. Das Kind erfährt sich dabei als denkendes, erklärendes und verstehendes Subjekt unter anderen ebenso

Ideen produzierenden Subjekten. Auch das Staunen, also das Gefühl, das die Erkenntnis beschert, daß die eigenen Erklärungen für das Verständnis der Phänomene nicht hinreichend sind, setzt eine ansatzweise Wahrnehmung des eigenen Selbst als denkendes Subjekt voraus.

Der Entwicklungspsychologe Broughton untersuchte die Entwicklung der »natürlichen Philosophie« von Kindern und Jugendlichen anhand ihrer Äußerungen zu philosophischen Konzepten wie Selbst – Welt, geistig – materiell, Person – Ding, Realität -Erscheinung, subjektiv – objektiv, wahr – falsch usw. Seine Befunde scheinen die Idee Hegels, Cassirers und Baldwins zu bestätigen, daß die geistige Entwicklung des Individuums die Etappen der Geschichte des menschlichen Denkens wiederholt. So setzt er beispielsweise den »naiven Realismus« der Kinder zwischen dem 4. und 7. Lebensjahr mit dem Denken der griechischen Vorsokratiker in Parallele.

Andere Entwicklungspsychologen wie Selman und Damon untersuchten in den letzten Jahren die Entwicklung des sozialen Weltbildes des Kindes. Demnach vollzieht sich auch die Entwicklung sozialer Konzepte wie z. B. »Freundschaft«, »Gerechtigkeit«, »Autorität«, »Individuum« und »Identität« u. ä. gesetzmäßig in bestimmten Phasen. Was denken Kinder beispielsweise über Freundschaft? Auf die Frage: »Was ist ein guter Freund?« antwortet ein Fünfjähriger: »Jungen spielen mit Jungen, Lastautos mit Lastautos und Hunde mit Hunden«, während ein älterer Jugendlicher auf diese Frage hin vielleicht »Vertrauen«, »Respekt« oder »Verbindlichkeit« ins Spiel bringen wird.

Die Klärung der konzeptuellen Grundlagen des eigenen Lebens ist auch aus der Sicht der Kinderpsychotherapie von Bedeutung. Die relativ neue Richtung der klinischen Entwicklungspsychologie thematisiert den Zusammenhang von psychischen Störungen und dem Niveau der geistigen bzw. sozialen Entwicklung. Der Fähigkeit des Kindes, sich innerseelische Erfahrungen reflexiv zu vergegenwärtigen, in Worte zu fassen und als Teil des eigenen Ich zu erkennen, kommt z. B. eine wesentliche

Stabilisierungsfunktion zu. Dies wird am Beispiel der Selbstkontrolle deutlich. Wenn es zunehmend Verständnis für seine Gedanken, Gefühle, Impulse usw. entwickelt, begreift das Kind, daß es einen Gedanken oder ein Gefühl haben und dies gleichzeitig beobachten, lenken, kontrollieren und unterdrükken kann. Es kommt dabei von selbst auf die Idee, beispielsweise seine Gedanken in die von ihm gewünschte Richtung zu lenken oder schwierige Situationen zu meiden. Dieses Verständnis für die eigene innere Welt (das eigene Lernverhalten, die eigene Konzentrationsfähigkeit, die eigene Selbstbeherrschung) führt zu einem reiferen, verantwortlicheren Verhalten.

Selbstreflektierendes und abstraktes, begriffliches Denken bedingen einander; Schopenhauer definiert geradezu den Begriff als »Vorstellung einer Vorstellung« und bringt damit den Selbstbezugscharakter des begrifflichen Denkens zum Ausdruck; für Piaget besteht das Wesen formaler Operationen darin, daß sie Operationen von Operationen sind.

Philosophieren wird meist mit formal-logischem Denken gleichgesetzt. Sind Kinder dazu bereits in der Lage? Piaget bestreitet dem jüngeren Kind die Fähigkeit zum »formalen Denken«. Ihm zufolge wird erst ab dem 12. Lebensjahr die Fähigkeit zum vollständig abstrakten, hypothetischen Denken, das Denken »höherer Ordnung« mit Zeichen und Symbolen, erworben. Wenn es etwa darum geht, die Richtigkeit von logischen Schlüssen zu beurteilen, könnte ein Achtjähriger einen Schluß wie »Alle Äpfel sind blau. Dies ist ein Apfel. Also ist er blau« nicht als formal richtig begreifen, da er »weiß«, daß es keine blauen Äpfel gibt. Erst der Heranwachsende kann nach Piaget das formale Moment des Schlußfolgerns erfassen, d. h. mit Möglichkeiten und Hypothesen umgehen. Sein Denken ist geradezu durch die Vorrangigkeit der Betrachtung des ›Möglichen‹ vor der Betrachtung des ›Realen‹ gekennzeichnet.

Andere Forscher trauen Kindern sehr viel weitergehende Fähigkeiten zum logischen Denken zu. Schon 1930 stellte Ehrisman, der sich auch auf andere Autoren stützt, auf der Grundlage umfangreichen empirischen Materials fest, »daß die

Fähigkeit zum logischen Schließen sicher nicht erst bei herannahender Pubertät auftritt, während in der Kindheit die Verbindung von Begriffen und Vorstellungen durch bloße Assoziation unumschränkt herrscht. Die Fähigkeit zum logischen Schließen erwacht sehr früh, wahrscheinlich um dieselbe Zeit, in der auch das Verständnis für Begriffe sich ausbildet..., da das Schließen nichts anderes ist als die Einsicht in urteilsmäßig festgelegte Verhältnisse von Begriffen«.

Auch die neueste Forschung kommt zu dem Ergebnis, daß das Kind schon sehr früh, etwa bei Schulbeginn, bestimmte logische Grundkompetenzen besitzt, die es zusammen mit der Sprache erwirbt. Schon Fünfjährige verstehen Negationen und logische Partikel wie »und«, »oder«, »aber«, »entweder-oder«, »wenn« und die Bedeutung der Wörter »alle«, »keine« »einige«, »möglich«, »notwendig«, »Wissen«, »Glauben«. Das Verständnis dieser Wörter schließt ein gewisses Verständnis der logischen Verhältnisse ein. So beherrschen etwa in der Regel Schulanfänger spielend bestimmte Schlußmodi wie »Entweder ist a oder b gegeben. A ist gegeben, ergo ist b nicht gegeben«. Fragen wie »Sind alle Jungen Menschen?« und »Sind alle Menschen Jungen?« wurden bereits im Alter von fünf Jahren richtig beantwortet, was für ein gewisses Verständnis der Klassifikation spricht, das sich übrigens gut trainieren zu lassen scheint. In jüngster Zeit haben u. a. die Psychologen Bryant und Donaldson zeigen können, daß die Denkfehler, die jüngere Kinder begehen, nicht auf einen grundsätzlichen Mangel an Logik, sondern auf Gedächtnisversagen oder auf Mißverständnisse über das, was der Experimentator vermeintlich hören wollte, zurückzuführen sind. Dagegen erweisen sich Kinder bei selbstgesetzten Aufgaben im täglichen Leben als viel kompetentere Denker. Auch in meinen eigenen Philosophiekursen hatten die etwa zehnjährigen Jungen und Mädchen nicht die geringsten Schwierigkeiten mit den formalen Operationen im Rahmen der kategorialen Logik.
Angesichts der Befunde der neueren Forschung, daß selbst jüngere Kinder über größere Fähigkeiten zu selbstreflexivem

und schlußfolgerndem Denken verfügen als ihnen Piaget noch zugetraut hatte, erweist sich die These als nicht mehr haltbar, philosophisches, d. i. abstraktes Denken läge außerhalb der kindlichen Reichweite. Wenn man herausfinden will, zu welchen Denkleistungen Kinder in der Lage sind, dann sollte man ihnen nicht in einer künstlichen Situation kontextfreie, konstruierte Denkaufgaben stellen, an denen selbst Erwachsene leicht scheitern, sondern den Mut zu einem Gespräch mit ihnen über schwierige Fragen aufbringen, die lebendiges, produktives und relevantes Denken auslösen können. Außerdem sollte nicht vergessen werden, daß philosophisches Denken nicht gleichzusetzen ist mit der Ausführung formaler logischer Operationen, etwas, was man heute ohnehin lieber dem Computer überläßt, weil er darin unschlagbar ist. Kinder haben ihre Stärke vielmehr im bildhaften, analogischen Denken im Medium der Umgangssprache. Und schließlich gibt der Nachweis der Trainierbarkeit der Fähigkeiten des formalen Denkens denjenigen Recht, die dazu in der Beschäftigung mit philosophischen Problemen einen ausgezeichneten Weg sehen.

Das Verständnis für das spontane kindliche Denken über philosophische Gegenstände erfordert eine größere Offenheit für philosophische Probleme als die Entwicklungspsychologie bislang aufgebracht hat. Der kurze Blick in die entwicklungspsychologische Forschung hat aber hoffentlich gezeigt, daß jeder, der mit Kindern gemeinsam nachdenken will, ihnen ein besserer Gesprächspartner sein kann, wenn er etwas näher mit der Eigenart ihres Denkens vertraut ist. Daß das Kind ausgeprägter als der moderne Erwachsene Tendenzen zu einem anthropomorphistischen, teleologischen, animistischen und magischen Denken hat, heißt nicht, daß es, wie der bedeutende Pädagoge Eduard Spranger glaubte, »in einer anderen Welt lebt als wir«. Wie könnte es sich dann in der Welt der Erwachsenen zurechtfinden und wie könnten wir uns sonst so offenbar erfolgreich mit ihm nicht nur über alltägliche Sachverhalte, sondern sogar über geistige Gegenstände verständigen?

V
Wer ist »naiv«?

Wir haben uns an die Auffassung gewöhnt, kindliches Denken sei naiv. Auch die ältere Entwicklungspsychologie zögert nicht, die Denkhaltung und die daraus resultierende Weltanschauung des Kindes für »primitiv« zu erklären, wenn auch Heinz Werner etwa in jeder »noch so primitiven Stufe (sc. der seelischen Entwicklung) ein relativ abgeschlossenes, eigenlebendiges, unter Umständen ebenso reiches organisches Ganzes« erblickt. Für ihn wie seine Psychologenkollegen Katz, die Bühlers, Zeininger, Kroh u.a. würde das Kind in seiner magischen Vorstellungsweise befangen bleiben, wenn die Unterhaltung mit dem Erwachsenen es nicht in »die Welt des objektiven Geistes« einführen würde. »Bei der Beurteilung... der gänzlich anderen Formen des Kindes zu denken... wird man den Maßstab des sachlich richtigen Denkens nicht ganz entbehren können; denn schließlich ist das logische Denken nicht nur – sozusagen tatsächlich – Ziel der Erziehung, sondern in der (natürlichen) Entwicklung geht selbst der Druck auf dieses Ziel hin« (Katz). Damit wird der Weg von dem »nicht-wissenschaftlichen« Denken des Kindes und des »primitiven« Naturmenschen zum »sachlich richtigen, logischen Denken« des erwachsenen Menschen der neuzeitlichen Zivilisation als in der Natur des Menschen angelegte und von einer überzeitlichen Vernunft und Erfahrung geforderte gradlinige Höherentwicklung gedeutet. In der Wahl des Bildes von den Stufen der Entwicklung des kindlichen Denken hinauf zu einer immer »objektiveren« und »richtigeren« Deutung der Welt wird das Weltbild des wissenschaftlich aufgeklärten Erwachsenen der Fluchtpunkt, auf den sich das Denken des Kindes notwendig zubewegt. In dieser Sichtweise kommt ein Androzentrismus, also eine Befangenheit in der Sicht des Erwachsenen unserer Kultur, zum Ausdruck. Aus der Sicht der Entwicklungspsychologie ist das kindliche Denken, soweit es nicht »aufgeklärt ist«, irrational, subjektiv, phantastisch, falsch und primitiv. Entwicklungspsychologen wie Katz kommen an dieser Kennzeichnung des kindlichen und vorneuzeitlichen Denkens nur gelegentlich geringe Zweifel, etwa z. B. dann, wenn er sich fragt, ob das »magisch – zauberhafte« Denken des Kindes »nicht unlogisch, auch nicht prälogisch, sondern anderslogisch« sei.

Der auch heute noch vielgelesene Entwicklungspsychologe Werner stellt in diesem Zusammenhang die Frage, »wieso wir als ›logisch‹ denkende Europäer imstande sind, die Denkweise der Naturmenschen, wieso wir als Erwachsene die Denkweisen der Kinder, wieso wir als Normale die der geistig Irren einigermaßen zu verstehen vermögen«. Er löst dieses »Rätsel« dadurch, daß er »mehrere genetisch übereinanderliegende Schichten« der seelischen Struktur des erwachsenen »Kulturmenschen« postuliert und annimmt, daß »unser Europäertum überhaupt genetisch sehr vielfarbig ist, daß der Mensch nicht schlechthin nur eine geistige Haltung, eine Schicht des Erlebens und Reagierens besitzt... Wir ›verstehen‹ das Kind, den Naturmenschen, den Geisteskranken, weil wir uns kraft der irgendwie in uns lebendigen tieferen Sphären bis zu einem gewissen Grade in das Kind, in den Naturmenschen, in den Geisteskranken seelisch verwandeln können«.

Die Andersartigkeit und vermeintliche Mangelhaftigkeit des Denkens von Kindern und »Naturmenschen« konnte erst in dem Moment in Erscheinung treten, als rationalistisch-wissenschaftliche Weltdeutungen ihren absoluten Geltungsanspruch erhoben. Davor hatte man keine Veranlassung, zwischen dem Denken des Erwachsenen und des Kindes zu unterscheiden, da beide – aus der Sicht der neuzeitlichen Wissenschaft – »kindlich« waren. In einem Moment wie dem heutigen, in dem die Grundlagen der Wissenschaft ins Wanken geraten, stellt sich notwendig auch das Urteil über die vermeintliche »Naivität« und »Primitivität«, mit dem die Wissenschaft vorwissenschaftliche Weltdeutungen belegt, in einem anderen Licht dar.

Im folgenden mache ich den Versuch, anhand einiger Zeugnisse zeitgenössicher Philosophen und Wissenschaftstheoretiker darzustellen, daß die Kennzeichnung des kindlichen Denkens durch die Entwicklungspsychologie als »naiv« selbst Ausdruck einer gewissen Naivität, philosophischen Unbedarftheit und ideologischen Befangenheit ist.

Die Entwicklungspsychologie belehrt uns bekanntlich darüber, daß das jüngere Kind alle Dinge als lebend und beseelt ansieht, daß tot und lebendig, Körperliches und Seelisches keine klar geschiedenen Kategorien für es sind. Heinz Werner äußert sich dazu wie folgt: »Wie bei primitiven Völkern sind menschliche, tierische, pflanzliche…Wesen in der physiognomisch-personifizierenden (animistischen) Auffassung des Kindes wenig unterschieden…, der Gegensatz zwischem Lebendigem und Totem in der sogenannten animistischen Aufassung der Umwelt ist nicht genügend entwickelt«.

Die Selbstverständlichkeit, mit der von der Entwicklungspsychologie ontologische Positionen bezogen werden, indem etwa unterstellt wird, der Dualismus sei die einzig vernünftige und vertretbare Doktrin, läßt sich leicht durch einen Blick in die Philosophiegeschichte erschüttern. Einer der angesehensten Philosophen unserer Tage, Hans Jonas, äußert sich zum animistischen Denken wir folgt: »Unsere Betrachtungen ergaben, daß… selbst der ›Animismus‹, d.h. der panvitalistische Monismus der Urzeit, nicht auszuschließen ist: Das Prinzip der Seinsdeutung, das er, wenn auch noch so vorbegrifflich vertritt, ist auch vom Standpunkt der modernen Erkenntnis nicht eigentlich erledigt (Man denke an den Panpsychismus eines Teilhard de Chardin oder – auf bedeutend höherer philosophischer Ebene – an Whiteheads Theorie aller Aktualität als Fühlen.)«

Ein anderer zentraler Charakterzug kindlichen Denkens bis in die sog. Pubertät hinein ist, wie bereits dargestellt, der Anthropomorphismus, die Tendenz, Verhältnisse der Objektwelt aus subjektiven Innenerfahrungen zu verstehen, also einen Analogieschluß von innen nach außen zu ziehen. Schon Goethe wußte: »Der Mensch begreift niemals, wie anthropomorphorisch er ist«, und der Sprachphilosoph Fritz Mauthner erkannte: »Beim Denken ist der Philosoph anthropomorphisch wie die Phantasie jedes Kindes«. Die unscharfe Trennung von Innenwelt und Außenwelt, die dem kindlichen Denken als Schwäche ausgelegt wird, erscheint nach Jonas als eine solche nur vom Standpunkt des ontologischen Dualismus von ausgedehnter Materie und Innerlichkeit, wie er seit Descartes das wissenschaftliche Denken beherrscht. »Diese Alleinherrschaft der abstandnehmenden und vergegenständlichenden Wahrnehmung brachte es im Zusammenwirken mit dem dualistischen Spalt zwischen Subjekt und Objekt, als zwei heterogene Reiche betrachtet, dahin, daß jede Übertragung von Charakteren innerer Erfahrung in die Interpretation der Außenwelt mit strengem Bann belegt wurde«. Für Jonas wird die »Verbannung des Anthropomorphismus aus der Erkenntnis der Außenwelt als viel zu selbstverständlich für die Erkenntnistheorie der Wissenschaft angenommen«. Leider können wir die subtile Argumentation von Hans Jonas hier nicht in extenso referieren; es ging nur um einen ersten Hinweis auf die Möglichkeit, einige von der Entwicklungspsychologie abgewertete Wesenszüge kindlichen Denkens zu rehabilitieren.

Eine direkte Kritik an der Grundidee Piagets, daß mit zunehmendem Alter der Kinder fortschreitend ein wirklichkeitsadäquateres, »richtigeres« Denken am Werk ist, übt Garret Matthews. Er geht so weit, Piaget jede Hellhörigkeit für den in bestimmten kindlichen Äußerungen zum Ausdruck kommenden philosophischen Spürsinn abzusprechen. Als erstes wendet er gegen Piaget ein, daß mehr als umstritten sei, was in der Philosophie als »Fortschritt« zu gelten habe; zweitens, daß, welche philosophisch relevanten gedanklichen Fortschritte auch immer gemacht werden mögen, diese keine einheitliche Entwicklung in irgendeiner Altersgruppe, ob jung oder alt, nehmen, und daß drittens philosophisch interessante Äußerungen von Kindern wegen ihrer relativen Seltenheit in dem empirischen Material »untergehen« und, weil sie nicht erkannt werden, auch nicht gewürdigt werden.

Am Beispiel der Entwicklung des Begriffs »Denken«, die das Kind nach Piaget in drei Stufen durchläuft, zeigt Matthews, wie problematisch vom philosophischen Standpunkt aus die Anwendung der Kategorie des Fortschritts auf die phasentypischen Äußerungen von Kindern ist. Schon der französische Philosoph Merleau-Ponty hatte in seiner Kritik an Piaget u. a. gefragt, ob analog etwa Phasenlehren für die künstlerischen Aktivitäten des Kindes angemessen seien. Wie oben dargestellt, identifizieren Kinder Piaget zufolge auf der ersten Stufe (mit ca. sechs Jahren) das Denken mit Stimme und Sprachäußerung, in der zweiten (mit ca. acht Jahren) mit dem »Gehirn« und in der dritten Phase (mit ca. 11–12 Jahren) mit entmaterialisierter innerer Vorstellung. Während Piaget in dieser Abfolge des begrifflichen Wandels eine fortschreitende Annäherung an die Standards richtigen und vernunftgemäßen Denkens sieht, erkennt Matthews in der Abfolge der Vorstellungen der Kinder von der Natur des Denkens klare Parallelen zu einer Reihe von klassischen Denktheorien. Die erste Phase entspricht danach der Theorie Platons mit ihren modernen Verfeinerungen, derzufolge Denken als »inneres Sprechen« zu fassen ist. Die zweite Phase hat ihre Parallele in der »Identitätstheorie«, derzufolge geistige Vorgänge identisch sind mit Vorgängen im Gehirn. Die Auffassung der dritten Phase gehört zu den klassischen dualistischen Theorien in der Tradition des Empirismus, in denen der Begriff der Vorstellung eine besondere Rolle spielt.

Wenn Piaget mit der Kennzeichnung der ersten beiden Stufen als »unreif« recht hätte, dann müßten Philosophen, die die ihnen entsprechenden Theorien vertreten, wie Behavioristen und Identitätstheoretiker, in ihrer geistigen Entwicklung zurückgebliebene Kinder sein. Matthews fährt fort: »Nimmt man die Bemerkungen Piagets (sc. über das magische und alogische Denken der Kinder) ernst, dann heißt das, daß es töricht wäre zu versuchen, mit einem Kind über philosophische

Fragen zu sprechen, und kapriziös und unvernünftig zu erwarten, ein Kind könnte irgendetwas philosophisch Interessantes äußern. Sie implizieren, daß das Kind eine Konzeption von der Welt entwickelt, ohne an die legitime Rücksicht Annahme auf Logik und Erfahrung gebunden zu sein. Die unausgesprochene Annahme ist, daß ›wir‹ Erwachsenen dagegen die nötige Achtung vor Logik und Erfahrung haben«.

Wie wenig Grund Piaget zu der Geringschätzung des Denkens junger Kinder hat, illustriert Matthews an einem von Piaget in »Das Weltbild des Kindes« mitgeteilten Gespräch mit Fav, einem achtjährigen Jungen, über Träume. Fav antwortet auf die Frage, wo sich seiner Ansicht nach der Traum befinde, in dem Raum oder in seinem Kopf: »Als ich im Bett lag, war ich wirklich da, und dann als ich in meinem Traum war, ... war ich wirklich genauso da«. Fav ist sich bewußt, daß diese beiden Aussagen nicht miteinander vereinbar sind, und doch beharrt er gegen Piaget, für den nur die Aussage »Der Traum ist in Fav« wahr ist, auf seinem Standpunkt, daß er auch in dem Traum ist. »In dieser Episode hatte Piaget eine Chance, ein wenig mit einem Kind zu philosophieren, aber er läßt sie verstreichen. Anscheinend besteht sein einziges Interesse an dem Gespräch mit Fav darin, das Kind irgendwo auf seiner Skala der Traumkompetenz einzustufen. Für mich ist der hervorstechendste Aspekt dieser Episode Piagets offenkundige fehlende Sensibilität für das Rätselhafte. Wie kann jemand einen anderen fragen ›Warst Du in dem Traum oder war der Traum in dir?‹ und nicht bis zu einem gewissen Grad der Perplexität zu erliegen über die Natürlichkeit... der Antwort: ›beides – ich war in dem Traum und der Traum war in mir‹. Fav ist nachdenklich geworden, Piaget ist es nicht.... Es kommt ihm nicht in den Sinn, daß das, was er für das Erwachsenen-Konzept des Denkens hält, Probleme, Rätsel, Ungereimtheiten und offene Fragen aufwirft«.

Wenn die Entwicklungspsychologen die Eigenart des kindlichen Denkens mit einem Wort charakterisieren wollen, verwenden sie den Begriff »mythisches Denken«. Der Mythos, »Wahrheit in Geschichten«, wie man auch gesagt hat, und seine von der Wissenschaft so grundlegende verschiedene Weise der Weltdeutung galt und gilt weithin der Fortschrittsgläubigkeit immer noch als überholt, irrational, phantastisch, als etwas Anthropomorphes, als Hirngespinst und Aberglaube. Erst die wissenschaftstheoretisch fundierte Rehabilitierung des Mythos durch den Philosophen Kurt Hübner in seinem Buch »Die Wahrheit des Mythos» hat uns gelehrt, den Mythos nicht nur unter psychologischen Aspekten, sondern auch in erkenntnistheoretischer Hinsicht »ernst zu nehmen.« Obwohl Hübner an keiner Stelle seines Buches auf die Parallen des kindlichen und mythischen Denkens hinweist, sind diese doch mit den Händen zu greifen. Der Mythos kennt Hübner zufolge die scharfen Trennungen, wie sie die wissenschaftliche Ontologie vornimmt, etwa zwischen materiell-sinnlichen und ideell-geistigen Gegenständen, zwischen den einzelnen Gegenständen und ihren Begriffen, zwischen dem Ganzen und dem Teil sowie die Eliminierung von Zwecken aus der Erklärung von Vorgängen nicht. Für den Mythos ist stattdessen alles… »etwas Lebendiges und Beseeltes«, es gibt für ihn keine rein materiellen Naturgegenstände, »zwischen Physikalischem und Psychologischem, wie wir es verstehen,…wird keine scharfe Grenze gezogen«. Auch die Trennung von Wort und Ding ist ihm fremd (Cassirer: »Das Dingmoment und das Bedeutungsmoment gehen ineinander auf,…in Wort und Name sind der Gegenstand selbst und seine realen Kräfte enthalten«). Ebenso sind im Mythos die Grenzen zwischen dem bloß »Vorgestellten« und der »wirklichen« Wahrnehmung, zwischen Traum und objektiver »Wirklichkeit« fließend. »Die ideellen psychischen Vorgänge sind in dem Sinne zugleich etwas Materielles, daß sie mythische Substanzen darstellen. Auch hier ist jede in der Psychologie selbstverständliche Unterscheidung von Ideell-Innerem und Materiell-Äußerem beseitigt, zwischen dem Gegenstand im Bewußtsein und außerhalb seiner besteht nur ein gradueller Unterschied«. Alle diese Charakterisierungen des Mythos passen haargenau auf das Bild vom kindlichen Denken, wie wir es anhand von Piaget und anderen Entwicklungspsychologen im vorigen Kapitel nachgezeichnet haben.

Hübner hatte vor seiner Monographie über den Mythos in seinem Buch »Kritik der wissenschaftlichen Vernunft« die Fragwürdigkeiten der ontologischen Grundlagen der Naturwissenschaft historisch-systematisch aufgewiesen und sich damit den Weg freigekämpft für eine vorurteilsfreie Einschätzung der spezifischen Erkenntnisleistungen der mythischen Denkweise. Der Vergleich von wissenschaftlichen Denk- und Erfahrungsformen mit denen des Mythos führt Hübner zu der Einsicht, daß der Mythos ernst zu nehmen ist, daß er nicht irrational ist, sondern daß beide, Wissenschaft und Mythos auf »vorrationalen« Fundamenten ruhen, daß der Mythos eine von der wissenschaftlichen verschiedene, ihr aber gleichwertige Ontologie und Rationalität verkörpert. Demnach liefert die Wissenschaft nicht die einzig mögliche vernünftige Weltdeutung und Wirklichkeitserfassung, sondern eine »geschichtlich bedingte Art und Weise, Wirklichkeit zu interpretieren und zu bewältigen«. Dem mythischen Denken liegen andere Wirklichkeitserfahrungen zugrunde, der Mythos ist nicht weniger als die Wissenschaft Ausgangspunkt argumentierenden, empirischen Denkens, wenn er sich auch auf ganz andere Gegenstände richtet als diese«.

Wenn die Letztbegründungen der Wissenschaft fragwürdig sind und es unmöglich ist, »der Wissenschaft eine absolute Grundlage zu geben«, kann die Wissenschaft nicht mehr den Anspruch erheben, »im Besitz der alleinigen Wahrheit zu sein, gleichgültig, wohin uns der Fortschritt führt und wie enttäuschend die Wirklichkeit sein mag, die sie uns zeigt«. Mit der Rehabilitierung des mythischen Denkens ist der Weg gebahnt für das Verständnis und die Anerkennung anderer Denkformen als der wissenschaftlichen und somit auch der Eigenart des kindlichen Denkens.

Wie dringlich die Wiederherstellung der Würde der von der Wissenschaft nicht erreichbaren Erfahrungen und ihrer geistigen Bewältigung gerade heute ist, zeigt Hübner an den Bedrohungen, die von den »Zerrbildern« des Mythos und seiner Verdrängung, von einer Irrationalität ausgeht, die sich in mannigfachen Erscheinungen wie mythenähnlichen Ersatzreligionen, Heilslehren, Okkultismus oder politischen Doktrinen äußert. Darin liegt die Aktualität seines Buches. Denn Jugendliche sind in unserer Zeit, in der der Glaube an die Allmacht der wissenschaftlichen Rationalität auf die Spitze getrieben ist, auf der Suche nach »tieferen« Weltdeutungen, in der das Sinnliche mit dem Geistigen wieder versöhnt wird. Daß sie auf dieser Suche auf Irr- und Abwege geraten, ist bei dem völligen Fehlen des Verständnisses der Erwachsenen für die tieferen Gründe ihres Suchens und jeder nennenswerten geistigen Führung auf diesem Weg nicht verwunderlich.

Der Preis für den Sieg materialistischer und rationalistischer Wirklichkeitsdeutungen und den Erfolg der auf der Wissenschaft begründeten technischen Naturbeherrschung ist die »Entgötterung« (Schiller) und »Entzauberung« (Max Weber) der Welt, den in unserer Kultur schon die Kinder zu entrichten haben. Hübner spricht von dem »beklemmenden Eindruck der Öde und des Mangels«, den die immer weiter zunehmende Entzauberung der Welt durch die moderne Wissenschaft erwecke. Die Folgen, die dies für die geistig-seelische Entwicklung von Kindern in unserer Kultur zeitigt, sind nur zu ahnen und werden sich mit der zunehmenden Radikalität der »Verwissenschaftlichung« des Unterrichts schon in der Grundschule noch verschärft einstellen. Es wird fraglich, ob Kinder, die von klein auf in einer von den Wissenschaften entzauberten Welt aufwachsen, ein so tiefes Ich- und Weltgefühl in der Erfahrung des Numinosen erleben können, wie es ein fünfzehnjähriger Junge in einem Aufsatz als Antwort auf die Frage, was das bedeutungsvollste Ereignis in seinem Leben gewesen sei, beschreibt: er habe etwas gefühlt wie von einem Unbegreiflichen, verborgen Waltenden; die Ahnung einer anderen Wirklichkeit als die alltägliche sei in ihm wach geworden, und dies habe seinem Leben Weihe und Inhalt gegeben. In einem anderen Bericht über ein Kindheitserlebnis heißt es: »Ich war allein mit meinem Schiff, mit dem kleinen Ausschnitt der unbewegten See. Da brach's herein... Wie warme Rieselfunken senkten sich die Bilder... in mein Inneres...und blieben liegen als unerschöpflicher Wurzelgrund meines Seins, als unzerstörbare

Verbindungsmasse zwischen der Natur und mir. Ich hatte mich einen Augenblick inmitten der Natur, als Teil ihrer selbst erblickt. Ich war mir in mir selbst begegnet«.

Das Erlebnis des »Heiligen«, des Numinosen, wird von Alfred Beth mit den folgenden Worten beschrieben: »Als ich als Knabe von etwa 11 Jahren zum erstenmal die rotbraune, unbehaarte Raupe des Bombay-Weidenbohrers...sah, war ich... noch lange wie von einem geheimnisvollen Schauer gebannt... Ein geheimnisvoller Schauer, ein unklares, nicht sagbares Verbundenheitsgefühl, etwas Mystisches... ein Vorgang, der sich nicht erkenntnismäßig konkret, nicht bewußt, sondern im Unbewußten abspielt und der höchstens nachmals bewußt gemacht werden kann. Was sich hier apriorisch durchdrängt, entstammt nicht dem ›Tagesbewußtsein‹«.

Die wissenschaftliche Sicht der Wirklichkeit mit ihrer scharfen Trennung von Materie und Geist hat ihr alle menschlichen und göttlichen Züge, alles Anthropo- und Theomorphe, ausgetrieben, sie zunehmend entsinnlicht und sinnleerer erscheinen lassen. Was für eine schwere geistige Krise hat, wie oben beschrieben, bei der Dichterin Marie von Ebner-Eschenbach als Kind die Erkenntnis der »wahren Natur« der Gestirne ausgelöst! »Der forschende Mensch ist nicht der suchende Mensch. In jenem geht dieser leer aus. Über dem einen darf der andere nicht vergessen werden. Darum wird es notwendig sein, daß ein Frageraum eröffnet wird, der den Dingen eine Dimension zurückgibt, die diese in sich selber hebt und ihnen einen eigenen Raum einräumt. So werden wir z. B. zusehen müssen, daß die Sterne ›Sterne‹ bleiben und nicht nur zu Massesystemen verflachen, die, so groß ihre metrischen Extensionen sein mögen, ja gerade weil diese Extensionen ins Unermeßliche wachsen, keinen Raum für menschliches Leben haben. Denn: menschlich kann man unter Sternen zwar, aber nicht unter Massesystemen leben« (Rombach). Mit ihrer »Entzauberung« ist dem Menschen die Geborgenheit in einer Sinn- und zweckerfüllten Welt verlustig gegangen, er muß sich verloren und überflüssig fühlen in einer Welt, die ihm »mit grenzenloser Gleichgültigkeit« (Kolakowski) begegnet.

Die Trauer über die »Entzauberung der Welt« darf uns natürlich nicht dazu verleiten, in eine Wissenschafts- und Technikfeindlichkeit zu verfallen und unser Heil im Mythos zu suchen, der im übrigen, wie Hübner feststellt, nicht »gemacht« werden kann. Für das Kind jedoch braucht der Mythos nicht »gemacht« zu werden, es erschafft selbst mythische Deutungen der Welt und macht sich fremde begierig zu eigen. Das Kind denkt in Wesensgestalten, nicht in abstrakt begrifflichen und rein funktionalen Beziehungen. Wir tun gut daran, Kinder nicht zu früh und zu ausschließlich dem Denk- und Erfahrungssystem der neuzeitlichen Wissenschaft auszusetzen, das in seinen ontologischen Grundlagen dem kindlichen Denken mehr als fremd ist.

Wir haben umso mehr Grund vor einer Verfrühung, Dogmatisierung und Verabsolutierung der wissenschaftlichen Weltsicht in der Erziehung und Bildung zu warnen, als die altehrwürdige Rekapitulationshypothese der Entwicklungspsychologie, derzufolge sich in der geistig-seelischen Entwicklung des Individuums die der menschlichen Gattung über die Jahrtausende hinweg wiederholt, eine gewisse Plausibilität für sich beanspruchen kann. Dann dürften notwendige Durchgangsstadien der Entwicklung nicht übersprungen, sondern müßten als Voraussetzung für die nachfolgenden Stufen voll zur Reife und Erfüllung gebracht werden. »Grundsätzlich aber muß zugestanden werden, daß solche urtümlichen Schichten im Entwicklungsgang nicht einfach wegfallen, sondern daß sie vielfach als lebendiger Urgrund unserer seelischen und geistigen Existenz fortbestehen« (Heinz Werner). Bei Hegel heißt es: »Das Leben des gegenwärtigen Geistes ist ein Kreislauf von Stufen, die einerseits noch nebeneinander bestehen und nur andererseits als Übergang erscheinen. Die Momente, die der Geist hinter sich zu haben scheint, hat er auch in seiner gegenwärtigen Tiefe«.

Mit der Einsicht, daß das Denken des Kindes nicht primitiv, naiv oder gar irrational und falsch, sondern als mythisches Denken von einer anderen Rationalität als der der »aufgeklärten« Erwachsenen ist, gewinnt die Sorge um dieses

73

Denken und seine Pflege in der Kindheit ihr besonderes Recht. Daß kindliches Denken nicht nur nicht möglichst schnell zu »überwinden« sei, sondern daß die Menschheit in ihm einen ihrer wertvollsten Schätze hat, spricht der Pädagoge und Philosoph Eduard Spranger aus: »Es liegt auf dem Göttlich-Magischen eine besondere Weihe, die schon dunkel gefühlt wird... und es mag gefragt werden, ob sich die religiösen Anschauungen einfacher Gemüter, ja selbst der Glaube hochentwickelter Geister von diesen Anfängen so weit fortbewegt, daß noch immer eine tiefe Wesensverwandtschaft mit dem Kindlichen bliebe: ›Könnt ich Magie von meinem Pfad entfernen‹...Aber das würde uns auf die große romantische Frage von dem Ahnungsvermögen des Kindes führen und von dem, was dem kindlichen Verstand ›vorausgeoffenbart‹ wurde«.

Auch für die Anbahnung des naturwissenschaftlichen Verständnisses bei Kindern ist es sinnvoll, im Unterricht an dem mythischen Vorverständnis der Welt und seinen Erklärungen und Sinndeutungen, die das Kind schon immer mitbringt, anzuknüpfen. Wenn, wie Ernst Cassirer in seinem Buch »Philosophie der symbolischen Formen« schon vor über fünfzig Jahren gezeigt hat, mythisches Denken ein notwendiger Vorläufer des wissenschaftlichen Denkens ist, dann muß dieses Denken mit seiner andersartigen Rationalität auch in der geistigen Entwicklung des Individuums ernst genommen und voll entfaltet werden, bevor es allmählich durch die wissenschaftliche Rationalität ergänzt oder ersetzt wird. Erscheinungen und Vorgänge in der Natur werden mythisch gedeutet als das Walten personaler Mächte, deren Handeln als sinnvoll und folgerichtig zu begreifen ist. Die schöpferischen mythischen Sinnkonstruktionen des Kindes zur Erklärung der Welt sind eine notwendige Vorstufe des kausalen Denkens der Wissenschaft, insofern sie keine »Phantasieprodukte«, sondern Ergebnisse konstruktiver und systematischer Denkbemühungen darstellen. Diese können durch das Erzählen von Mythen, Legenden, Fabeln, Märchen und anderen Ausdrucksformen des mythischen Denkens gefördert werden, die einem tiefen Verständnis der Wirklichkeit entstammen und andere »Wirklichkeiten« als die Wissenschaft zum Gegenstand haben. Auch insofern sich der Mythos auf einer anderen Sprachebene als die Wissenschaft bewegt, d.h. statt mit abstrakten Begriffen mit anschaulichen Bildern und Personen operiert und an die Stelle der rationalen Argumentation das Erzählen setzt, ist er »Nahrung für Geist und Seele« des Kindes.

Geschichtlich ist die Philosophie aus dem Mythos entstanden. Auch heute noch steht manches philosophische Denken dem mythischen Denken mindestens ebenso nahe wie dem wissenschaftlichen. Wenn man mit Kindern philosophiert, wird man sich oft auf der Grenzscheide von mythischem und philosophischem Denken bewegen; das mythische Denken des Kindes erweist sich dabei nicht selten als eine Quelle philosophischer Inspiration. Das zeigt Matthews anhand eines Gesprächs über die Frage, ob Pflanzen glücklich sein können (das wir weiter unten wiedergeben). Die Bereitschaft der Kinder, sprachliche Ausdrücke wie »Pflanzen sind glücklich bzw. haben Wünsche« wörtlich zu nehmen, zwingt uns dazu, darüber nachzudenken, was das heißen könnte und welche Voraussetzungen erfüllt sein müssen, um im wörtlichen Sinn einem Wesen die Fähigkeit, glücklich zu sein oder Wünsche zu haben, zuschreiben zu können. Bei der Erörterung einer derartigen Frage wie der, ob Pflanzen glücklich sein können, gerät man geradezu unvermeidlich in Bezirke des Denkens, die von einer positivistischen Wissenschaftsauffassung als »mythisch« gekennzeichnet würden. Kein geringerer als Gustav Theodor Fechner, der Begründer der modernen Sinnesphysiologie und -psychologie, trat vor fast einhundertfünfzig Jahren in seinem Buch »Nanna oder über das Seeleben der Pflanzen« für die Existenz des Pflanzenbewußtseins ein. Er vertrat eine den Auffassungen von Hans Jonas verwandte Überzeugung von der Beseeltheit der ganzen Natur. Sehen wir ab von den damit verbundenen Erkenntnisproblemen und fragen wir mit Kurd Laßwitz, dem Biographen Fechners: »Könnten wir aus der sicheren Bejahung der Frage irgendeinen theoretischen oder praktischen Nutzen ziehen?«. Die These vom praktischen Nutzen, an dem wir in pädagogischer Absicht interessiert sein müssen, begründet Laßwitz wie folgt: »Der Wert des Daseins liegt im Psychischen, denn über ihn entscheidet das Gefühl. Und in dieser Richtung liegt auch das Interesse, das wir an der Beseelung der Pflanzen haben. Nicht für die Naturwissenschaft, aber für die Weltanschauung ist es von Wichtigkeit, daß die Pflanzen sich selbst erleben. Denn inwieweit die Welt Selbsterlebnis ist, so weit ist sie in das große Einheitsband eingeschlossen, das uns selbt als Teile des Universums umfaßt. Unser Weltbild erweitert sich, unser Weltgefühl verinnerlicht sich um so mehr, je tiefer Natur und Menschenseele sich ihrem Wesen und Ursprung verwandt wissen. Der große Gedanke der Entwicklung allen Lebens auf unserem Planeten... gewinnt nun auch seine volle ästhetische, ethische und religiöse Bedeutung. Mit der Natur steigt das Bewußtsein auf zu höheren und reiferen Formen, und in allen ihren Gebilden fühlen wir das Walten des Allgeistes, dem auch wir angehören: ›Du führst die Reihe der Lebendigen/vor mir vorbei und lehrst mich meine Brüder/im stillen Busch, in Luft und Wasser kennen‹«.

Für das Kind ist die Natur nicht tot und seelenlos, von der Erfahrung seines Leibes und seiner Innerlichkeit schließt es auf die Beseelung der Natur. Indoktriniert man ihm allzufrüh ein »entzaubertes« Weltbild, werden dann nicht allzufrüh Kräfte gelähmt, die aus dem Gefühl des Einsseins mit der beseelten Natur genährt werden? Für »diese erste Naturerkenntnis in Seelenunmittelbarkeit und Sympathie im Liebesrausch mit allen Elementen und erschaffenem Sein« legt Bogumil Goltz in seinem »Buch der Kindheit« ein in einer Zeit der »Profanisierung« der Kindheit besonders bewegendes Zeugnis ab.

Welche geistig-seelischen Beziehungen wir zu der uns umgebenden natürlichen Welt unterhalten, ist von allergrößter Bedeutung nicht nur für die lebensentscheidende Art des Umgangs mit ihr, sondern auch für die Qualität unserer Moral. Wir hätten allen Grund, über die Weisheit der kindlichen Beziehung zur Natur nachdenklich zu werden, anstatt alles daran zu setzen, Kinder so schnell wie möglich auf unser rationalistisch-positivistisches, »entgöttertes« Weltbild und, was damit eng zusammenhängt, auf unseren gedanken- und gefühllosen Umgang mit der Natur zu verpflichten. Es sollte uns zu denken geben, daß die fast ausschließliche Kultivierung der wissenschaftlichen Rationalität an unseren Schulen gewissen anti- und irrationalistischen Tendenzen unter den Jugendlichen Vorschub zu leisten scheint. Zur Eindämmung der Gefahr eines neuen Irrationalismus unter Jugendlichen, wie er sich etwa in der verbreiteten Hinwendung zu Okkultismus und verwandten Praktiken äußert, wird im allgemeinen ein verstärkter naturwissenschaftlicher Unterricht empfohlen. Offenbar reicht aber eine reine Vermehrung der Stundenzahl nicht aus, es muß auch darüber nachgedacht werden, ob qualitative Veränderungen angezeigt sind. Dazu erlaube ich mir drei kurze Anmerkungen:

Erstens scheint es mir unbedingt geraten, sich im naturwissenschaftlichen Unterricht wieder mehr um die Kultivierung von erkenntnisbegleitenden Gefühlen der Lernenden zu sorgen. Schüler brauchen nicht der Verführung des Wunderglaubens zu erliegen, wenn im naturwissenschaftlichen Unterricht Gefühle wie das Staunen über die natürlichen Wunder, die Ehrfurcht vor der Natur, die Verantwortung für das Leben, Bewunderung für die Schöpfungen des menschlichen Geistes gepflegt werden.

Zweitens: Jeder Lehrer/jede Lehrerin auf allen Stufen des Bildungssystems, von der Vorschule bis hinauf in die Universität, macht die beunruhigende Erfahrung, wie unvermeidlich es ist, daß sich trotz aller didaktischen Sorgfalt in den Köpfen der Lernenden oft schiefe und sachlich unhaltbare Vorstellungen herausbilden. Einmal ist der/die Lehrende aus vielfältigen Gründen gezwungen, schon wegen der zunehmenden Abstraktheit und Lebensferne der modernen Wissenschaft mehr oder weniger vereinfachend und selektiv vorzugehen, womit der Komplexität der zu unterrichtenden Sachverhalte oft genug unrecht getan und diese geradezu verfälscht werden, ganz zu schweigen von den verzerrenden Auswirkungen des selektiven Vergessens. Zum anderen hat der Lehrer keine totale Kontrolle über das, was die einzelnen Schüler aus dem ihnen Dargebotenen an Sinnstrukturen aufbauen. Der Aufbau von

Wissenssystemen ist u. a. in hohem Maße abhängig von den jeweils sehr unterschiedlichen Erfahrungen, Vorkenntnissen, Interessen und Fähigkeiten der Lernenden. Ob jeder Schüler mit seiner je individuellen Wissensstruktur die »objektive« Sachverhaltsstruktur angemessen abbildet, ist oft genug fraglich. Verständnisfragen bringen jedenfalls oft genug erschreckende Abweichungen des Schülerverständnisses von dem vom Lehrer intendierten Sinngefüge an den Tag.

In gewisser Hinsicht sind also Schulen gigantische Produktionsstätten von Halbbildung, die sprichwörtlich gefährlicher ist als keine Bildung. Das Dilemma, entweder relativ weniges gründlich und wissenschaftlich vertretbar oder sehr viel oberflächlich zu behandeln, ist unlösbar und legt der Schule eine große Verantwortung auf. Aus der Anerkennung dieser Sachlage ergibt sich die Notwendigkeit, nicht nur Antworten zu geben, sondern auch Fragen zu stellen und die Schüler dazu zu befähigen und zu motivieren, durch eigenes Nachdenken sich der Unstimmigkeiten, Lücken und Begrenztheiten ihres Wissens bewußt zu werden, weiter zu fragen und zu erkennen, wie wenig sie wissen. Denn durch die sokratische Einsicht des »Ich weiß, daß ich nichts weiß« unterscheidet sich allenfalls der »Gebildete« von dem »Halbgebildeten«. Wie sehr schon zehnjährige Schüler dem Wahn erlegen sind, die Naturwissenschaften hielten auf alle schwierigen Fragen letzte Antworten bereit, davon habe ich in meinen Philosophiestunden mit Kindern eindrucksvolle Beweise erlebt. Einige Kinder neigten in extremer Weise dazu, alles für »wissenschaftlich« erklärbar anzusehen und bedienten sich dabei platter materialistischer, mechanistischer, reduktionistischer, naturalistischer und biologistischer Argumentationsweisen. Für diese Kinder hat die Entzauberung der Welt einen kaum noch überbietbaren Grad erreicht. Das Staunen über die Welt ist einer maßlosen Überschätzung unverstandener naturwissenschatlicher Rationalität zum Opfer gefallen, ja fast läßt sich von einem verbreiteten Aberglauben an die Allmacht der Wissenschaft sprechen. Besonders offenkundig wurde diese Haltung etwa bei der Erörterung der Frage nach der Natur geistiger Phänomene, dem Wesen von Denken und Bewußtsein etwa, das umstandslos mit chemisch-physikalischen Vorgängen im Gehirn gleichgesetzt wurde (»Gedanken sind nichts anderes als...«), oder bei der Erörterung moralischer Probleme, wobei leichtfertig etwa das Verhalten von Tieren als »natürliche« Richtschnur für sittliche Entscheidungen (»Auch in der Natur frißt der Stärkere den Schwächeren...«) herbeigezogen wurde. Der problematische Einfluß eines ideologiebeladenen naturwissenschaftlichen Unterrichts dürfte sich im Laufe der Schulzeit noch verstärken; er ist nur in Schach zu halten durch die Einbeziehung wissenschaftstheoretischer und grenzüberschreitender philosophischer Reflexion in den naturwissenschaftlichen Unterricht. Drittens: Das Wissen, das vermittelt wird, ist in sich fragwürdig und erzeugt damit Halbbildung. Jedem auf der Höhe seines Faches befindlichen Kritiker dürfte es ein Leichtes sein, den Nachweis zu führen, daß das, was in der Schule bisweilen an Wissen vermittelt wird, nicht nur unter der Vereinfachung und Verkürzung leidet, sondern schlichtweg einen überholten Stand repräsentiert und damit strenggenommen kein Wissen, sondern im besten Fall Halbwahrheiten darstellt. Auch dieser Sachverhalt ist unvermeidlich, aber durch eine kritische Reflexion von Lehrern und Schülern auf die problematischen Aspekte des jeweils erreichten Erkenntnisstandes zu entschärfen.

Nehmen wir ein Beispiel aus der Naturwissenschaft: In unseren Schulen wird landauf, landab gelehrt, die Erde drehe sich um die Sonne. Das »heliozentrische Weltbild« sei »wahr«, das geozentrische »falsch«, mithin einem vorwissenschaftlichen Denken zuzurechnen, von dem die Kirche in ihrer berühmten Auseindersetzung mit Galilei sich nicht habe lösen können, als sie die Vorstellungen Galileis nur als ein Denkmodell unter vielen möglichen habe gelten lassen wollen. »Aber das ist nun doch ein sehr moderner Standpunkt. Mathematisch-physikalisch geht es in der strittigen Frage nämlich nur um die Wahl eines geeigneten Bezugssystems. Formal ist es völlig gleichgültig, ob man das Bezugssystem mit seinem Zentrum an den Schwerpunkt Erde-Sonne, an die Sonnenmitte (Erde dreht sich um die Sonne) oder an die Erdmitte (Sonne dreht sich um die Erde) oder gar an einen Billardtisch auf einem fahrenden Schiff bindet. Diese wie alle weiteren Bezugssysteme sind gleichberechtigt (Einstein) und geben keine ontologischen Festlegungen. Der Unterschied liegt nur in der jeweiligen Sichtweise, in einer relativen Zweckmäßigkeit im Hinblick auf die Frage, in welchem System sich welche Phänomene möglichst einfach beschreiben lassen... Bei solcher Gleichberechtigung der Koordinatensysteme bewegt sich die Sonne genausogut um die Erde wie umgekehrt, eher schon um irgendwelche gemeinsamen Schwerpunkte... vielleicht des ganzen Weltalls – und letzterer könnte gar in der Erdmitte liegen«. Soweit Prof. Spallek, dem wir diese Stellungnahme in der Frankfurter Allgemeinen Zeitung vom 18.5.1988 aus Anlaß einer Empfehlung, gegen den unter Jugendlichen in erschreckendem Maße um sich greifenden Okkultismus einen verstärkten naturwissenschaftlichen Unterricht zu setzen. Spallek spricht sich für mehr Naturwissenschaft an den Schulen nur unter der Bedingung aus, daß er »weit weniger ideologisch beladen wäre«. Er fährt fort: »Einem ideologisierten naturwissenschaftlichen Unterricht, der so tut, als wäre ›alles klar‹, wäre aber ein weiter gekürzter Unterricht vorzuziehen – sonst wird nur der Teufel mit dem Beelzebub ausgetrieben«.

Wenn die Entwicklungspsychologie das kindliche und ganz allgemein das nicht durch die neuzeitliche Wissenschaft geprägte Denken als naiv und unvernünftig apostrophiert, dann ist sie insofern selbst naiv, als sie ihre Kriterien für das, was als wirklich und vernünftig zu gelten habe, unkritisch absolut setzt. Eine solche Haltung leistet in der Didaktik der stets lauernden Gefahr einer Wissenschafts-Indoktrination der Lernenden Vorschub, die die Entfaltung selbständigen Denkens, kritischer Urteilsfähigkeit und spekulativer Phantasie verhindert. Naivität muß nicht nur in intellektueller Unbedarftheit und Ahnungslosigkeit bestehen, sie kann auch Freisein von herkömmlichen Denkschablonen bedeuten, phantasievolle Unbefangenheit und Mut zur Prüfung scheinbar längst erledigter Fragen und allgemein abgetaner Überzeugungen. In diesem Sinne ist die kindliche Naivität, aus der die Philosophie lebt (Spaemann: »Philosophie als institutionalisierte Naivität«) ein kostbares und pflegsam zu behandelndes Gut.

VI
»Das Gespräch – die nützlichste und natürlichste Übung unseres Geistes«

Ein, wie ich finde, eindrucksvolles philosophisches Gespräch zwischen einem Vater und seinem etwa 5 Jahre alten Sohn hat der Maler Wilhelm von Kügelgen in seinen »Jugenderinnerungen eines alten Mannes« aufgezeichnet:

»Ich fragte nämlich, woher man es denn wisse, daß Gott die Welt erschaffen habe. Ob ich denn glaube, erwiderte der Vater, daß das Bild, an dem er male, ebensogut auch von sich selbst entstehen könne? ›Nein – sagte ich – du mußt es malen‹. ›Nun denn, wenn ein so kleines Ding nicht ohne Meister sein kann, wie sollte da die ganze große Welt von selbst entstanden sein?‹ Ich wandte ein, ob sie nicht jemand anderes gemacht haben könne? Aber der Vater sagte, der Meister sei allemal größer als sein Werk; wer aber größer als die ganze Welt wäre, könne niemand anderes als der liebe Gott sein.

›Wer aber – fragte ich weiter – wer hat denn eigentlich den lieben Gott gemacht?‹ Da antwortete der Vater, der sei von Ewigkeit, ohne Anfang und ohne Ende, wandte sich herum und malte weiter. Diese Worte imponierten mir. Ohne Anfang, ohne Ende! – Endlich sagte ich: ›Das wäre aber eine schöne Geschichte, Vater! Wenn wir nun sterben und in den Himmel kommen, und am Ende wäre gar kein lieber Gott da!‹ Dafür nannte mich mein Vater einen dummmen Jungen, jedenfalls das Gescheiteste, was er gesprochen hatte, und die gelehrte Unterhaltung war zu Ende«.

Der weltweise Montaigne befindet: »Die nützlichste und natürlichste Übung unseres Geistes ist, nach meinem

Geschmack, das Gespräch«. Montaigne hat dabei das auf Erkenntnis gerichtete Gespräch im Auge gehabt und nicht so sehr die belanglose Unterhaltung. Die Bedeutung von nichttrivialen Gesprächen zwischen Erwachsenen und Kindern für deren geistige und seelische Entwicklung kann gar nicht überschätzt werden. Kinder, mit denen wenig geredet wird, bleiben in ihrer allgemeinen geistigen, sprachlichen und emotionalen Entwicklung zurück. Wir verfügen heute über eine reiche wissenschaftliche Literatur, die diesen überwältigenden Einfluß der Gesprächskultur der Familie auf die Entwicklung von Kindern belegt.

Während wir relativ viel über linguistische Merkmale, Häufigkeit und Dauer sprachlicher Interaktionen im Elternhaus wissen, sind wir, was die Inhalte der Gespräche zwischen Eltern und Kindern anbetrifft, so gut wie gar nicht im Bilde. Deswegen wissen wir auch nicht, in welchem Umfang in den Familien und in welchem Alter der Kinder in den Gesprächen Themen berührt werden, die über die Banalität des Alltäglichen hinausgehen, Probleme von allgemeinerer und grundsätzlicher Bedeutung oder gar weltanschauliche und philosophische Gegenstände zum Inhalt haben. Mit Sicherheit dürfen wir annehmen, daß die geistige oder religiöse Kultur des Elternhauses Kinder in ihrem Denken, in ihren Vorstellungen, Gefühlen und Haltungen entscheidend prägen.

Wir können auch kaum abschätzen, was Kindern, deren tieferdringende Fragen bei den Eltern ohne Widerhall bleiben, an Möglichkeiten geistigen und seelischen Wachstums vorenthalten wird, und welche seelische Not daraus erwächst, wenn sie sich mit ihren beunruhigenden Fragen allein gelassen fühlen. Kindheitserinnerungen sprechen davon, daß das Ausweichen der Erwachsenen vor diesen Fragen bei Kindern eine Vertrauenskrise auslösen kann. Hat das Kind nur wenige Male die Erfahrung gemacht, daß sich über wirklich wichtige Probleme mit den Erwachsenen nicht reden läßt, wird es sich verschließen und eine immer größere Scheu empfinden, andere an seinen metaphysischen Ängsten und Zweifeln, seinen bohrenden

Fragen nach Ich und Welt teilhaben zu lassen. Die Verlegenheit und Ratlosigkeit der Eltern, mit denen sie auf die philosophischen Fragen ihrer Kinder reagieren, weckt bei diesen den Eindruck, daß über diesen Dingen eine Aura des Nichtzugelassenen liegt, die Angst macht. Bisweilen besteht dieser Eindruck sicher zu Recht, wenn die Fragen des Kindes den Erwachsenen mit ungelösten weltanschaulichen und moralischen Problemen konfrontieren und dadurch Abwehr und Widerstand auslösen.

Den meisten Kindern wird es wie den Erwachsenen gelingen, ihre »un-heimlichen« Gedanken abzuschütteln und sich in der »Selbst-verständlichkeit« des Alltäglichen einzurichten. Aber wir wissen auch, daß es Kinder gibt, die darüber in dumpfes Brüten und Sinnieren verfallen, um mit den gedanklichen Ausgeburten ihrer metaphysischen Ängste fertig zu werden. Dieses Sinnieren ist unproduktiv und mündet entweder in resignativen Zynismus, in die Flucht in die bequeme Sicherheit weltanschaulicher Indifferenz oder eines starren Dogmatismus!

Nur im zwischenmenschlichen Gespräch kann es gelingen, der Schattenhaftigkeit der beunruhigenden Gedanken lichtere und klarere Umrisse zu geben. Schon die Erfahrung, daß andere Menschen ähnliche Gedanken denken, nimmt diesen viel von ihrer Bedrohlichkeit. Die Erfahrung, daß auf fundamentale Fragen mehrere Antworten denkbar und begründbar sind, daß Menschen darüber verschiedener Ansicht sein können, wirkt befreiend. Daß es auf diese Fragen keine schlechthin sicheren und eindeutigen Antworten gibt, was nicht ausschließt, es vielmehr erforderlich macht, sich ihrer mit aller zu Gebote stehenden Rationalität anzunehmen, darin liegt die Chance des Dialogs, in dem beide Teile das gleiche Risiko eingehen.

Zum Wesen des philosophischen Dialogs, der diesen Namen verdient, gehört es, daß sich die Dialogparter bedingungslos ernst nehmen, daß sie sich als potentiell vernünftig akzeptieren, was die beiderseitige Verpflichtung einschließt, sich um größtmögliche gedankliche und sprachliche Klarheit, argumentative Stimmigkeit und Sachlichkeit zu bemühen, nichts ungeprüft gelten zu lassen und sich über die Gründe und Folgen von Urteilen Rechenschaft abzulegen. Es gehört zur Eigenart der Philosophie, daß sie ihre »wahrhafte Wirklichkeit in der Kommunikation« (Eugen Fink) hat. Wer in ihr eine Wissenschaft wie jede andere erblickt, deren Forschungsergebnisse »vermittelt« werden können, der verfehlt ihr eigentliches Wesen. Das gemeinsame Durchdenken eines Problems, das bedingungslose, »naive« Infragestellen des scheinbar Selbstverständlichen, das konsequente Durchspielen von Denkmöglichkeiten, die Entwicklung des Gedankens in kleinen kontrollierten Argumentationsschritten, dies sind nur einige Wesensmerkmale des sokratischen Dialogs, dem Inbegriff eines im rechten Geist geführten philosophischen Gesprächs.

Gespräche zwischen Kindern und Erwachsenen werden sehr oft durch Fragen des Kindes ausgelöst. Die Entwicklungspsychologie klärt uns darüber auf, daß auf den verschiedenen Stufen der individuellen geistigen Entwicklung bestimmte Typen von Fragen besonders häufig auftreten. So folgen den Fragen nach dem Namen der Dinge, die allbekannten Warum-Fragen, die wiederum von den Fragen nach dem »Woher« und »Wohin« abgelöst werden. Die berühmten Frageketten – meistens handelt es sich um Warum-Fragen – treten erstmalig gehäuft im dritten und vierten Lebensjahr in Erscheinung. Schon Karl Bühler fiel auf, daß sie vorzugsweise durch überraschende und dem Kind in irgendeiner Weise nahegehende Erfahrungen ausgelöst werden. Es ist, als ob das Nicht-Selbstverständliche nach Deutung und Erklärung verlange. Auch für das Kind heißt Erklären soviel wie den zu erklärenden Sachverhalt in einen größeren Zusammenhang zu stellen, ihn auf etwas bereits Bekanntes zu beziehen, das Besondere im Allgemeinen zu erkennen. Auch wenn die Warum-Frage in diesem Alter noch nicht auf Erklärung durch Angabe von »Ursachen« abzielt, sondern auf Zwecke, auf finale Verknüpfungen aus ist, tut das dem Charakter der Frageintention als auf etwas Allgemeines Gerichtetem keinen Abbruch. Das Kind hat ein Bedürfnis nach Sinnerklärungen, und etwas erklären heißt für das Kind zu wissen, wozu etwas da ist, gut aristotelisch nach seiner »Bestimmung« zu fragen. Das junge Kind erklärt sich z. B. die Tatsache, daß Schiffe schwimmen, damit, daß »wir nicht ertrinken sollen« oder, warum Winter ist, damit, »daß wir dann rodeln können« usw. Gefragt wird also in diesem Alter danach, wozu etwas dient, was man davon hat oder was man damit anfangen kann. Die Zwecke und Funktionen der Dinge und Erscheinungen weisen dabei immer schon über diese selbst hinaus auf umfassendere Zusammenhänge.

Es braucht nicht betont zu werden, daß die Warum-Fragen Ausdruck einer ungebrochenen Neugier auf die Welt sind. Zugleich dienen sie dem Kind dazu, die Konversation in Gang zu halten und dafür zu sorgen, daß ihm die Zuwendung des Erwachsenen ungeteilt erhalten bleibt. Je jünger die Kinder sind, umso sprunghafter und unsteter ist ihre Hinwendung zu den Sachen. Langatmige und »tiefschürfende« Erklärungen seitens der Erwachsenen sind seine Sache nicht. Oft erstaunlich schnell vergißt es die Aufschlüsse, die ihm der geduldige Erwachsene gibt. Man hat sogar bisweilen den Eindruck, die Kinder fragten um des Fragens willen, als spielten sie ein unterhaltsames Fragespiel und als seien ihnen die Antworten gar nicht so wichtig. Trotzdem sollte der erwachsene Geprächs-partner die Fragen des Kindes ernst nehmen und ernsthaft auf sie eingehen. Er muß sich dabei jedoch stets bewußt bleiben, daß dem Fassungsvermögen und der Aufmerksamkeit beson-ders des jüngeren Kindes sehr enge Grenzen gesetzt sind.
Um das Kind mit den Antworten auf seine Fragen nicht zu überfordern, müssen sie auf die Frageintentionen des Kindes passen. Da Kinder, mit den frühen Warum-Fragen ihr Interesse an dem Wozu, d. h. an Zwecken, Zielen und Absichten bekunden, tun Erwachsene gut daran, ihre Antworten darauf auszurichten. Wenn z. B. Kinder nach dem Tod und seiner Notwendigkeit fragen, hilft ihnen das einfache Gedankenexpe-riment, sich eine Welt vorzustellen, in der der Tod nicht vorkommt, den Tod als eine sinn- und zweckvolle Einrichtung zu begreifen. Die einfachste »Diagnose« der kindlichen Erkenntnisinteressen besteht darin, den Kindern selbst Fragen

zu stellen und aus ihren Antworten auf die Weite ihres Denk- und Interessenhorizontes und der kindlichen »Theoriebildung« über die ihn interessierenden Phänomene zu schließen. Dabei ist wichtig, daß man sich genügend Zeit nimmt, um herauszufinden, welches Problem Kinder in ihren Fragen zur Sprache bringen wollen. Dies gelingt nur, wenn man nicht sofort eine Antwort erteilt, sondern versucht, durch weitere Problematisierung der Frage den Fragehorizont aufzuhellen. Sehr reizvoll für Eltern kann die Aufzeichnung von interessanten Gesprächen mit Kindern sowie bemerkenswerter Äußerungen eines Kindes über mehrere Jahre hinweg sein.

In Gesprächen mit Kindern müssen wir der Versuchung widerstehen, sie mit unserem Wissen zu beeindrucken oder gar einzuschüchtern, anstatt ihnen dabei zu helfen, in eigener Denkarbeit zu größerer Klarheit zu gelangen und sich über die vollzogenen Denkschritte Rechenschaft abzulegen. Dies können wir am besten dadurch erreichen, daß wir dem jeweiligen Problem des Kindes gegenüber selbst eine fragende Haltung einnehmen und die Nachdenklichkeit des Kindes anregen, indem wir das Gespräch in einem offenen Fragehorizont enden lassen. Die Frage ist der Motor, der das Gespräch vorantreibt, ein stark lenkendes Frage-und-Antwort-Spiel jedoch läßt die Lust am Gespräch schnell erlahmen.

Eine bloße Belehrung etwa in Form eines längeren Vortrags läßt die Fragelust des Kindes erst recht verkümmern. Wenn Erwachsene auf alle Fragen immer gleich die »richtige« Antwort wissen, wird beim Kind der Eindruck erweckt, daß es für alle Fragen und Probleme eindeutige, richtige Lösungen gibt, über die die Erwachsenen verfügen. Es selbst fühlt sich noch solange ausgeschlossen, bis es alles, was die Erwachsenen wissen, »gelernt« habe.

Daß Erwachsene nicht auf alle Fragen eine bündige Antwort bereithalten, kann für Kinder in einem bestimmten Alter, in dem die Erwachsenen noch für allwissend und allmächtig gehalten werden, wie ein Schock wirken. Aber es ist ein notwendiger und produktiver Schock und bedeutsam für die Genese des Ich-Bewußtseins. Eine Kindheitserinnerung des englischen Literaturhistorikers Edmund Grosse verdeutlicht die Bedeutung dieser Erfahrung: »Ich hatte die verblüffende, bis dahin ungeahnte Entdeckung gemacht, daß mein Vater nicht wie Gott war, daß er nicht alles wußte. Der Schock wurde nicht durch den Argwohn ausgelöst, er sage nicht die Wahrheit, sondern durch den furchtbaren Beweis, daß er nicht allwissend war, wie ich geglaubt hatte... Der Glaube an die Allwissenheit und die Unfehlbarkeit meines Vaters war jetzt tot und begraben. Er wußte vielleicht sehr wenige Dinge, denn bei dieser Gelegenheit hatte er eine sehr wichtige Tatsache nicht gewußt, so wichtig, daß, wenn man sie nicht wußte, wirklich nicht bedeutsam war, was man wußte... Wahrscheinlich wußte er nur weniges... Aber unter all den Gedanken, die in dieser Krise mein noch so primitives, noch so wenig entwickeltes Gehirn bewegten, war der merkwürdigste doch der, einen Freund und Gefährten in mir selbst gefunden zu haben. Es gab ein Geheimnis in dieser Welt, und dieses Geheimnis ging mich an und noch jemand, der in meinem Körper lebte. Wir waren nun zwei und konnten gemeinsam tun. Es ist schwierig, so rudimentäre Gefühle zu beschreiben, soviel aber ist gewiß, daß unter dieser Form des Dualismus mir mein Empfinden meiner Individualität erschien, ganz plötzlich, in diesem Moment, und weiterhin ist gewiß, daß es mir ein großer Trost war, in mir jemand zu finden, der mich verstehen konnte«.

Kinder sind Erwachsenen an Wissen, Erfahrung und argumentativen Fertigkeiten in der Regel unterlegen. Daher müssen sich Erwachsene in der Unterredung mit Kindern über Gegenstände, die für alle Beteiligten äußerst schwierig sind, ein besonderes Maß an Duldsamkeit und Rücksichtnahme abverlangen und gewisse Einschränkungen im Ausspielen ihrer potentiellen Überlegenheit auferlegen. Eigentlich gelten alle Regeln für den Dialog zwischen Erwachsenen auch für den mit Kindern.

Bei der Erörterung philosophischer Probleme mit Kindern zählt der gewaltige Wissensvorsprung der Erwachsenen nicht in dem Maße, wie wenn wissenschaftliche Fragen erörtert werden. Im philosophischen Gespräch braucht der Erwachsene nicht einmal Nichtwissen vortäuschen, um seinen kindlichen Gesprächspartner dazu anzuleiten, sich selbst auf die Suche nach Wahrheit und Sinn zu machen. Der Erwachsene ist selbst angesichts dieser Probleme, die sich einer eindeutigen Antwort verweigern, im Stand des Nichtwissens. Er verfügt selbst nicht über fertige und schlüssige Antworten auf die fundamentalen Fragen des Kindes. Er hat also auch nicht den geringsten Grund, sich dem Kind überlegen zu fühlen. Das schließt nicht aus, daß er wie Sokrates in den platonischen Dialogen eine Führungsrolle im Gespräch übernimmt. Das Erlebnis der geistigen Ebenbürtigkeit und Gleichrangigkeit schafft in der philosophischen Gesprächssituation eine einzigartige Beziehung zwischen Erwachsenen und Kindern. An die Stelle von Überlegenheit auf der einen Seite und Unterwerfung unter die Wissensautorität auf der anderen tritt ein freier, für beide Teile gewinnbringender Gedankenaustausch.

Im Gespräch mit Kindern mag sich der Erwachsene wieder auf die »naiven« Fragen seiner eigenen Kindheit zurückbesinnen, die Welt wieder mit den Augen des Kindes ansehen und ein Stück verschütteter Identität zurückgewinnen. Kinder sind ideale Partner für das philosophische Gespräch: Sie besitzen einen ausgeprägten Sinn für das Rätselhafte und Staunenerregende, für Ungereimtheiten und Perplexitäten, ihr Denken ist spielerisch, risikofreudig, offen, noch nicht festgelegt und eingeengt durch konventionelle Antworten, sie besitzen spekulative Phantasie und, was schwer zu fassen ist, bisweilen tiefere Ahnungen, metaphysische »Wahrheitswitterungen«.

Die Anerkennung des Gesprächspartners als eines vernünftigen Wesens, das sich in bezug auf das, was es für wahr und richtig ansieht, nur durch Vernunftgründe und sonst gar nichts bestimmen läßt, bildet die Grundlage jeder philosophischen Untersuchungsgemeinschaft. Sich die Gedanken des anderen zu eigen zu machen, weil sie vernünftig sind, schafft eine wahrhaft humane zwischenmenschliche Beziehung. Der Einfluß, den Erwachsene und Kinder wechselseitig auf die Ausformung ihrer Gedanken, Überzeugungen und Haltungen nehmen, kommt nicht wie so oft sonst in Lehr-Lern-Situationen auf dem Wege von Überredung, Suggestion, Konditionierung oder Indoktrinierung, sondern durch die Überzeugungskraft von Argumenten zustande. Und daß schon jüngere Kinder, bei aller Gefühlsbestimmtheit ihres Denkens und Handelns, nicht nur potentiell vernünftig sind, sondern sich realiter von Vernunftgründen nachhaltig bestimmen lassen, weiß jeder Erzieher, der es mit sogenannten induktiven oder rationalen Methoden der Erziehung versucht hat.

Die hinführende und klärende Diskussion vermag beim Kind dauerhafte Interessen zu wecken und ihm das Gefühl nehmen, ohnmächtig vor undurchdringlichen und verwirrenden Zusammenhängen zu stehen. Das gemeinsame Nachdenken ist Vorbereitung auf Situationen, in denen der junge Denker sich foro interno, also ohne physisch anwesende Gesprächspartner mit sich allein sich über komplexe Probleme Klarheit zu verschaffen sucht. Ein sich allmählich vervollkommnendes Reflexionsvermögen – Denken als »Gespräch der Seele mit sich selbst« – stellt gleichsam die Verinnerlichung der Vorgänge in der Diskussion mit anderen dar. »Fragen und Antworten sind die ersten Denkakte. Zum Denken gehören ursprünglich zwei. Erst auf dem Standpunkte einer höheren Kultur verdoppelt sich der Mensch, so daß er jetzt in und für sich selbst die Rolle des anderen spielen kann«. (Ludwig Feuerbach)

In der Diskussion bietet sich jedem Teilnehmer die Möglichkeit, seine Gedanken zu formulieren, sie an denen der anderen zu erproben, sich mit begründeten, positiven und negativen Bewertungen seiner Ideen auseinanderzusetzen, die Gedanken anderer zu kritisieren und das Gefühl zu überwinden, was man zu sagen hat, sei unwichtig oder abwegig. Für Lipman liegt darüber hinaus ein bedeutsamer Gewinn des gemeinsamen Nachdenkens über Fragen, die jeden in seinem Menschsein angehen, darin, daß man die Persönlichkeit von anderen kennen und verstehen lernt, ihre Interessen, Werte, Überzeugungen und Vorurteile, ihre Art zu denken und zu argumentieren. Ich möchte hinzufügen, am meisten lernen wir dabei über uns selbst, wenn wir im Dialog mit anderen unsere eigenen Gedanken, Gefühle und Erfahrungen klären und sie uns damit erst eigentlich ganz zu eigen machen.

Ein Gespräch, das im Geist kritischer Rationalität geführt wird, wird häufig Fragen bzw. Aufforderungen wie die folgenden enthalten: Formuliere Deinen Standpunkt oder Deine Frage so klar wie möglich!

Drücke, was Du sagen willst, mit anderen Worten aus!

Was ist Dein Hauptpunkt?

Was meinst Du damit?

Kannst Du ein Beispiel geben?

Was sind die Alternativen?

Warum stimmst Du zu bzw. widersprichst Du?

Welche Gründe kannst Du für Deinen Standpunkt vorbringen?

Was sind die Fakten?

Wie stimmt das, was Du jetzt sagst, mit dem zusammen, was Du vorhin behauptet hast?

Was folgt aus Deiner Annahme? usf.

Durch die Verpflichtung der Diskutanten auf größtmögliche Rationalität im Analysieren von Aussagen, im kritischen Überprüfen von Meinungen, im Begründen und Abwägen von Standpunkten, im Bemühen um Klarheit und Stimmigkeit, um Unparteilichkeit, Objektivität, Respekt vor den Meinungen anderer und Toleranz wird in entscheidender Weise ihr Charakter geprägt.

Selbstverständlich kann man sich selbst gegenüber mit der Forderung nach sprachlicher und gedanklicher Genauigkeit und Schärfe nicht streng genug sein. Wenn man sie aber beständig von Kindern einfordert, läuft man Gefahr, ihr Interesse am Gespräch zu verlieren und ihre Spontaneität und ihren Einfallsreichtum zu strangulieren. Daß wir Kindern gegenüber keine rhetorischen Tricks anwenden dürfen, um in Diskussionen mit ihnen die Oberhand zu behalten, versteht sich von selbst.

Wenn auch in einer philosophischen Gesprächsrunde mit Kindern Erwachsene keinen privilegierten Status besitzen, können sie doch nicht umhin, bei aller Indirektheit ihrer

Einflußnahme Funktionen zu übernehmen, deren geschickte Ausübung die Chancen des Gelingens eines Gesprächs erheblich steigen läßt. Dem Gesprächsleiter obliegt es, den Gang des Gesprächs möglichst indirekt zu steuern, indem er den bisher erreichten Gesprächsstand regelmäßig zusammenfaßt oder zusammenfassen läßt, das Gespräch bei Stockungen durch Fragen, Hinweise und Informationen wieder flott macht, Kurskorrekturen vornimmt oder Bedenken inhaltlicher oder formaler Art anmeldet, mit anderen Worten alles Notwendige unternimmt, um Denkprozesse auf einem möglichst hohen Niveau ablaufen zu lassen. Vor allem müssen Kinder die Erfahrung machen können, die Karl Philipp Moritz in seinem »Neues A. B. C. Buch, welches zugleich eine Anleitung zum Denken für Kinder enthält«, so formuliert: »Das Denken ist eine angenehme Sache«.

Gespräche mit nur einem Kind unterscheiden sich naturgemäß von solchen, die in einer größeren Gesprächsrunde mit mehreren Kindern geführt werden. Gespräche mit einem oder nur zwei Kindern, meist den eigenen, sind intimer, die Gesprächsanlässe werden spontan aufgegriffen und die Gesprächsthemen aus dem Stegreif erörtert. In einer größeren Gruppe muß es in vielfacher Hinsicht formeller zugehen: Ort und Zeit müssen festliegen, man muß sich auf ein Thema verständigen, der Gesprächsleiter wird sich vorbereiten. Mit einem Wort, es wird in einem solchen Kreis notwendigerweise »schulmäßiger« zugehen, ohne daß damit gesagt sein soll, daß es »wie in der Schule« zugeht. Mehr Teilnehmer an der Runde bedeuten mehr verschiedene Ideen und Einfälle, mehr unterschiedliche Sichtweisen und Interessen, Lebenserfahrungen, Denkstile, Temperamente. Gruppen bilden sehr schnell eine innere Struktur und Dynamik aus; das Verhalten der Kinder in Gruppen ist ein anderes, als wenn sie mit Erwachsenen allein zu tun haben. Philosophische Gespräche mit Gruppen von Kindern stellen an den Erwachsenen, der sie ohne eine zu starke Bevormundung der Teilnehmer leiten will, neben den fachlichen beträchtliche pädagogische Anforderungen. Eltern, die sich die beglückende und persönlich bereichernde Erfahrung des Ideenaustauschs mit Gruppen von Kindern über philosophische Fragen nicht versagen wollen, sei gesagt, daß man bei einigem Talent für den Umgang mit Kindern bald und immer besser seiner Aufgabe als Gesprächsleiter gerecht wird, besonders dann, wenn man zunächst einen weiteren Erwachsenen einbezieht oder gleich aus Erwachsenen und Kindern gemischte Gruppen bildet. Vielleicht sind Nicht-Lehrer unter den Eltern sogar im Vorteil, weil sie leichter der Versuchung widerstehen, Kinder zu belehren, anstatt mit ihnen zusammen etwas entdecken, klären und begreifen zu wollen. Schließlich gibt es ja inzwischen auch schon Hilfsmittel in Form von Texten und didaktischen Handreichungen zur Kinderphilosophie, die auch dem Unerfahrenen auf diesem Gebiet den Anfang erleichtern und den Weg ebnen. (Hinweise finden sich in Kap. 8 und 10).

Ronald Reed, der dem Thema »Reden mit Kindern« ein ganzes Buch gewidmet hat, hält folgende Merkmale von Gesprächen, in denen man mit Kindern gemeinsam auf geistige Entdeckungsreisen geht, für charakteristisch: »Solche Gespräche sind lang und voller Umwege; zahlreiche und verschiedene Punkte werden eingeführt und entwickelt; oft kann es vorkommen, daß keine ausdrückliche Beziehung zwischen den Gesprächsgegenständen besteht; vielversprechende Gesprächsfäden werden wieder fallengelassen; es wird kein großer Druck ausgeübt, unbedingt zur Sache zu sprechen; beide Gesprächspartner lernen etwas; Information wird ausgetauscht; einige Schlußfolgerungen werden erzielt, wenn auch der Dialog mehr offenläßt als er abschließend klärt; jeder Partner hört dem anderen zu und versucht, angemessen zu antworten; es herrscht nur wenig Zwang, den anderen zu verbessern, zumindest wird dieser Zwang in Schach gehalten; Wärme und Leichtigkeit bestimmen die Gesprächsatmosphäre, jeder der beiden Partner ist sich bewußt und handelt danach, daß der andere mehr ist als nur eine Erkenntnismaschine«.

Auch in Zweiergesprächen bewährt es sich, die Stationen des Gesprächs in den wesentlichen Punkten schriftlich festzuhalten und zu gegebener Zeit gemeinsam den Verlauf des

Gesprächs anhand dieser Aufzeichnungen zu rekonstruieren und zu analysieren. Die Gesprächspartner können dabei erfahren, welche »Züge« das Gespräch weitergebracht bzw. vom Wege ab, in die Irre oder in eine Sackgasse geführt haben und an welcher Stelle man ansetzen muß, um es wieder flott zu machen. Noch wichtiger ist die Erfahrung, die Kinder auf diese Weise machen können, daß sie mit ihren Argumenten ernst genommen werden und auch tatsächlich mit ihren Gedanken das Gespräch vorangetrieben haben. Dieses Verfahren dient auch der Versachlichung in den Fällen, in denen die affektiven die rationalen Prozesse zu überwuchern drohen.

In Gesprächen mit Kindern können wir immer wieder die Erfahrung machen, daß uns bislang unproblematische Ideen und Sachverhalte in dem Moment wieder problematisch werden, wenn wir sie mit einfachen Worten erklären sollen, daß Dinge und Einsichten, die uns ganz selbstverständlich erschienen, plötzlich wieder fragwürdig werden. Der Zwang zu Einfachheit und Klarheit legt mitleidlos alle die brüchigen Stellen in unserem Verständnis einer Sache offen. Einer der sichersten Wege zu prüfen, ob man etwas von Grund auf verstanden hat, besteht darin, es Kindern zu erklären. Gewöhnlich haben Kinder, die vor der Alles – und Besserwisserei der Erwachsenen noch nicht resigniert haben und noch nicht willens sind, alles einfach nur hinzunehmen, eine gute Spürnase für Anmaßung und Vortäuschung von Verstehen. Schließlich war es ein Kind, das in dem Märchen von des Kaisers neuen Kleidern die Wahrheit aussprach, daß der Kaiser nichts anhatte.

Bei aller Ernsthaftigkeit, die philosophischen Problemen nun einmal zusteht, darf man nicht vergessen, daß ihre Erörterung anregend, spannend, voller Überraschungen und lustig sein kann. Der spielerische Umgang mit Ideen, das phantasievolle Weiterdenken von Einfällen und der wettkämpferische Zug, der philosophischen Gesprächen nicht selten eignet, liegt gerade Kindern besonders.

VII
Können Blumen glücklich sein?

Wie gelungene philosophische Gespräche verlaufen können, erfährt man am besten durch Anschauung und Erfahrung. Jedem, der sich auf das Abenteuer philosophischer Gespräche mit Kindern einlassen möchte, sei geraten, als Vorbereitung darauf klassische philosophische Dialoge wie beispielsweise die platonischen zu lesen. Unvergleichliche Aufzeichnungen von philosophischen Gesprächen mit Kindern verdanken wir Gareth Matthews. Da ich kein gelungeneres Beispiel eines transkribierten philosophischen Dialogs mit jüngeren Kindern kenne und um Matthews' Verfahren zu illustrieren, gebe ich hier ein Kapitel aus seinem Büchlein »Philosophische Gespräche mit Kindern« wieder:

›Tante Gerties Blumen sind wieder glücklich‹, berichtete Freddie.

›Blumen können nicht glücklich sein‹, sagte Alice finster in der Ecke sitzend, über eine Schale Cornflakes gebeugt. ›Tante Gertie spricht gern über Blumen, als ob es Menschen wären. Aber in Wirklichkeit haben sie gar keine Gefühle. Sie können nicht durstig, traurig oder glücklich sein‹.

›Ist das richtig, Mama?‹ fragte Freddie einigermaßen enttäuscht.

›Du solltest darüber lieber mit deiner Tante Gertie sprechen‹, sagte die Mutter, ›sie weiß viel mehr über Blumen als wir alle zusammen‹.

So begann ein Geschichte, die ich mir für eine Klasse von acht- bis elfjährigen Kindern an der St. Marien – Musikschule in Edinburgh ausgedacht hatte.

Die Kinder dachten, es gäbe keinen Zweifel daran, daß Pflanzen durstig sein können, aber sie wollten darüber diskutieren, ob Pflanzen auch glücklich sein können.

›Wieso glaubt ihr, Pflanzen könnten nicht glücklich sein?‹, fragte ich.

›Sie haben keinen Geist‹, sagte Daniel schnell, klar und entschieden. Mit seinen achteinhalb Jahren war Daniel um einen Tag der jüngste der Klasse.

›Irgendein anderer Grund?‹, fragte ich? ›Sie haben keine Gefühle‹, setzte er hinzu.

Dann mischte sich David-Paul, zehn Jahre alt, in die Diskussion ein. ›Es gibt eine Pflanze‹, sagte er, ›die so gebaut ist, daß ihre Blätter zusammenkommen und Fliegen fangen können‹.

Ich fragte, ob einer wüßte, wie diese Pflanze hieße.

›Eine Fliegenfalle‹, sagte jemand. Wir diskutierten eine Weile über die Venus-Fliegenfalle.

›Du berührst sie und sie rollt sich zusammen‹, sagte Ise, neuneinhalb.

›Das ist wie ein Schmetterling‹, warf Esther ein. Mit elf war Esther die Älteste der Klasse.

›Aber ist das nicht wie ein Reflex?‹, fragte David-Paul.

›Es funktioniert wie eine Feder; wenn du sie berührst, schnurrt sie zusammen‹.

Ich fragte, ob, wenn das, was eine empfindliche Pflanze tut, das gleiche ist wie eine Reflexhandlung, das bedeutet, daß die Pflanze keinerlei Gefühle habe.

›Nun, sie muß aber doch etwas spüren‹, sagte Esther. ›Wenn sie sich aufrollen kann, muß sie etwas spüren‹.

Es entwickelte sich eine Diskussion darüber, ob Blumen miteinander kommunizieren können.

›Pflanzen könnten imstande sein, miteinander zu reden, mittels Radiowellen, nicht wahr, oder irgend etwas ähnlichem‹, schlug David-Paul vor. ›Oder mittels Staub, der von einer Pflanze zur anderen fliegt‹.

Ich fragte, warum es wichtig sei, um zu klären, ob etwas glücklich sein kann, herauszufinden, ob es reden kann. Es schien den Kindern klar zu sein, daß Sprache Stimmungen zum

Ausdruck bringt. Aber vielleicht, schlugen sie vor, könnten Stimmungen auch auf andere Weisen offenbar werden.

›In gewisser Weise zeigt die Pflanze dadurch, daß sie blüht, an, daß sie glücklich ist‹, sagte David-Paul. Dann diskutierten die Kinder über Gesten als Ausdruck von Stimmmungen oder Gefühlen.

Ise beunruhigte der Gedanke, daß Blumen unglücklich sein müssen, wenn sie ihre Köpfe hängen lassen. ›Es heißt nicht unbedingt, daß man unglücklich ist, wenn man seinen Kopf hängen läßt‹, erklärte sie. ›Man kann auch mit erhobenem Kopf schlechter Stimmung sein‹.

›Hat eine Pflanze ein Gehirn?‹ fragte Daniel.

Ich äußerte, ich hielte das für eine gute Frage, und wollte wissen, warum das Wissen darum, ob eine Pflanze ein Gehirn hat, uns dabei helfen könnte herauszufinden, ob Pflanzen glücklich sein können.

›Ohne ein Gehirn könnte man nicht traurig oder glücklich oder irgendsoetwas sein‹, sagte Martin, der fast zehn Jahre alt war. ›Ohne Gehirn würde man nicht einmal existieren‹.

Die zweite Hälfte von Martins Bemerkung löste in mir eine Menge Fragen über Leben und Tod aus (z. B. ob ein Kriterium für das Aussetzen der Gehirnfunktion hinreichend sei für den Tod eines Menschen und ob ein menschlicher Embryo ohne ein funktionsfähiges Gehirn wirklich ein menschliches Wesen ist). Aber bevor ich eine weiterführende Frage formulieren konnte, war die Diskussion schon weitergegangen.

›Ich glaube wirklich nicht, eine Pflanze sagt zu sich selbst: ›Ich bin glücklich‹, ›ich bin traurig‹, sagte David-Paul. ›Es ist in gewisser Weise eine Maschine, die in Betrieb sein oder aussetzen kann, wenn es ihr an Treibstoff fehlt‹.

›Haben Blumen Augen?‹ fragte Daniel.

›Nein‹, sagten mehrere Kinder.

›Aber innendrin, da gibt es etwas wie ein Auge‹, beharrte Daniel. Offenbar dachte er an Stempel und Fruchtknoten wie an ein Auge auf einem Stengel. Die Vorstellung, eine Pflanze müsse umherblicken können, inspirierte David-Paul. ›Eine

Brennessel‹, sagte er, ›könnte fühlen, daß sie beschädigt wird und sich schützen muß‹.

Bald war unsere Gesprächszeit abgelaufen. Wir hatten bloß eine halbe Stunde Zeit gehabt, um zu erörtern, ob Pflanzen glücklich sein können. Sicher, wir hatten die Frage nicht entschieden, aber wir hatten eine eindrucksvolle Vielfalt von dafür relevanten Überlegungen angestellt. Ich hatte den Kindern versprochen, ihnen in der folgenden Woche einen Schluß der Geschichte mitzubringen und dafür, soviel und so gut ich konnte, von dem zu verwenden, was sie im Unterricht gesagt hatten. (Sie wußten, daß ich unsere Diskussion auf Tonband aufzeichnete.) Ich bat die Kinder um Vorschläge, welche der einzelnen Bemerkungen Alice in den Mund gelegt werden sollte, was besser von Tante Gertie gesagt würde und so weiter. Sie machten sehr vernünftige Vorschläge. Ich ging nach Hause, übertrug die Diskussion vom Band und machte mich daran, die Geschichte zu vervollständigen. Die Fortsetzung der Geschichte mit Hilfe der Äußerungen der Kinder stellte das geringste Problem dar. Schwierig war die Entscheidung, wie die Geschichte enden sollte, denn unsere Diskussion war zu keinem klaren Schluß gekommen.

Ich entschloß mich, mir selbst einen Schluß auszudenken. Ich nahm die Erörterung des Begriffs eudaimonia aus der Nikomachischen Ethik des Aristoteles (›Glück‹, wie es herkömmlich übersetzt wurde, oder ›menschliches Gedeihen‹, wie viele moderne Aristotelesforscher lieber sagen) und wendete ihn auf Pflanzen an. Ich glaube nicht, daß Aristoteles mit meiner Adaptation einverstanden gewesen wäre, aber andere Forscher mögen darüber anders denken. Sei dem wie es sei, hier ist das aristotelische oder pseudoaristotelische Ende, das ich für die Geschichte erfand:

Freddie entschloß sich, Tante Gertie die Blumenfrage vorzulegen. ›Tante Gertie, woher wissen wir, daß Chrysanthemen glücklich sind?‹

›Hast Du sie heute nicht gesehen?‹, frage Tante Gertie. ›Ihre Gesichter zeigen alle nach oben und lächeln uns an‹.

›O, Du tust so, als seien sie Menschen‹, sagte Alice sauertöpfisch. ›Dabei weißt Du, daß sie in Wirklichkeit überhaupt keine Gefühle haben. Sie können sich nicht glücklich fühlen‹.

Tante Gertie richtete sich in ihrem Sessel auf. ›Glaubst du, Glück ist ein Gefühl, Alice?‹ fragte sie. ›Vielleicht ein warmes, milde prickelndes Gefühl, das sich über deinen ganzen Körper ausbreitet?‹

›Davon weiß ich nichts‹, sagte Alice vorsichtig.

›Wenn Du denkst, Glück ist wie das Gefühl, wenn dir an einem kalten Tag heiße Schokolade durch die Kehle rinnt, dann sind Pflanzen vielleicht nicht glücklich‹, räumte Tante Gertie ein. ›Soweit wir wissen, haben sie diese Art Empfindung nicht. Aber einige unserer glücklichsten Augenblicke sind die, in denen du etwas tust, was du gern tust – in einem großen Chor singen oder ein Spiel gut beherrschen. Du hast gar keine Zeit, innezuhalten und warme Gefühle zu bekommen. Dein Glück besteht eben darin, etwas zu tun, worin du gut bist, mit all dem, was in dir steckt. Blumen können ihre Köpfe hochhalten und ihre Blüten herzeigen mit all dem, was in ihnen steckt. Wenn sie gesund sind und gut versorgt, dann tun sie eben dies. Und das ist Glück für eine Blume‹.

Freddie dachte über das, was Tante Gertie gesagt hatte, nach. Einer seiner glücklichsten Augenblicke, dachte er, war, wenn er im Kinderchor zu Heiligabend ›Vom Himmel hoch‹ singen mußte. Er wußte nicht, warum er dies Lied so sehr mochte, aber er tat es. Vielleicht hatte er einige warme Gefühle dabei, aber Glück bestand nicht in diesen warmen Gefühlen, sonst könnte man schon glücklich sein, wenn man nur zu dem warmen Ofen hinüberginge. Vielleicht besteht Glück für jedes Lebewesen gerade darin, etwas sehr gut zu machen, mit all dem, was man in sich hat, wie Tante Gertie gesagt hatte. Für eine Blume wäre das zu blühen.

Die darauf folgende Woche lasen wir zusammen die vervollständigte Geschichte. . . .

Ich fragte die Kinder, was sie von dem Schluß hielten. ›Gut‹, sagten die meisten freundlich.

›Brillant‹, sagte Daniel und grinste dazu gewinnend.

Nur Donald, der mit seinen zehneinhalb Jahren offenkundig eine sehr nachdenkliche Person war, war deutlich unzufrieden. Er murmelte etwas, das ich zunächst nicht verstand, und so bat ich ihn, es zu wiederholen. Er mochte die Geschichte, sagte er, und hielt sie auch für gut, aber da gab es noch eine Frage, die er immer noch nicht beantworten konnte, eine Frage, die er nicht loswerden konnte. Er hielt es für möglich, daß Blumen glücklich sein können, und fand das, was Tante Gertie über ihr Glücklichsein bei Sonnenschein gesagt hatte, irgendwie durchaus zutreffend. ›Aber‹, fügte er mit großem Nachdruck hinzu, ›wie können sie ohne Geist glücklich sein?‹ Er erwartete nicht, ich solle das Problem für ihn lösen oder es zum Verschwinden bringen. Er nahm das Problem als sein eigenes an. Er würde mit ihm fertig werden. Ich fand diese Reaktion sehr bewegend«.

Während Matthews mit selbstverfaßten Texten arbeitet, um damit in seinen philosophischen Gesprächsrunden Nachdenken auszulösen und einen Gedankenaustausch in Gang zu setzen, habe ich öfter auf vorhandene Texte zurückgegriffen. Ich möchte im folgenden illustrieren, wie eine Gruppe von elf- bis zwölfjährigen Jungen und Mädchen durch einen Text von Voltaire, »Die Geschichte eines guten Brahmanen«, zum gemeinsamen Nachdenken u. a. auch über das Thema Glück angeregt wurde. Der Text wurde mindestens zweimal, erst zur Gänze, dann abschnittweise vorgelesen und an einigen Stellen sprachlich erläutert. Dies ist die (leicht gekürzte) »Geschichte eines guten Brahmanen«:

»Auf meinen Reisen lernte ich einen alten Brahmanen kennen, einen weisen, geistvollen und sehr gelehrten Mann; überdies war er reich und deshalb war er nur umso weiser, denn da es ihm an nichts fehlte, brauchte er auch niemanden zu betrügen. Nahe bei seinem schönen, reichgeschmückten Hause wohnte eine alte, strenggläubige Inderin, eine beschränkte und ziemlich arme Frau. Der Brahmane sagte eines Tages zu mir: ›Ich wollte, ich wäre nie geboren‹. Ich fragte ihn, warum. Er antwortete: ›Ich gebe mich seit vierzig Jahren dem Studium hin, das sind vierzig verlorene Jahre, ich lehre andere und weiß doch selber nichts. Ich bin geboren in der Zeit, ich lebe in der Zeit und weiß nicht einmal, was Zeit ist; ich befinde mich an einem

Punkte zwischen zwei Ewigkeiten – wie unsere Weisen sagen – und doch habe ich keinen Begriff von der Ewigkeit. Ich bin aus Materie gebildet; ich denke und habe doch nie erforschen können, wodurch das Denken erzeugt wird. Ich weiß nicht, ob mein Begriffsvermögen eine einfache Fähigkeit ist wie Gehen und Verdauen, ob ich mit meinem Kopf denke, wie ich mit meinen Händen greife. Nicht nur das Grundgesetz meines Denkens ist mir unbekannt, sondern auch das Grundgesetz meiner Bewegungen ist mir verborgen; ich weiß nicht, warum ich da bin; und nun stellt man mir jeden Tag Fragen über alle diese Dinge; ich muß antworten und weiß doch nichts Rechtes zu sagen, ich rede viel, und meine Worte hinterlassen in mir Verwirrung und Scham über mich selbst. ›Ehrwürdiger Vater‹, sagt man zu mir, ›lehrt uns, warum das Böse die ganze Erde überflutet‹. Ich bin dann in der gleichen Verlegenheit wie die Fragenden. Manchmal erwidere ich ihnen, daß alles in der Welt aufs beste eingerichtet sei. Aber alle jene, die das Leben zugrunde gerichtet und die der Krieg verstümmelt hat, glauben nicht daran, und ich auch nicht. Manchmal bin ich der Verzweiflung nahe, wenn es mir zum Bewußtsein kommt, daß ich nach all meinen Forschungen nicht weiß, woher ich komme, was ich bin, wohin ich gehe, was aus mir werden wird‹. Am selben Tag sah ich die alte Frau, die in der Nachbarschaft wohnte. Ich fragte sie, ob sie jemals traurig gewesen sei, weil sie nichts von der Beschaffenheit ihrer Seele wußte. Sie verstand nicht einmal meine Frage: sie hatte nie auch nur einen einzigen Augenblick ihres Lebens über eine einzige der Fragen nachgedacht, die den Brahmanen so sehr quälten. Das Glück dieses armen Geschöpfs überraschte mich, und als ich zu meinem Philosophen zurückkam, sage ich ihm: ›Schämt ihr Euch nicht, unglücklich zu sein, während vor Eurer Tür ein alter Automat von Mensch lebt, der nicht denkt und doch glücklich ist?‹ ›Ihr habt recht‹, antwortete er, ›ich habe mir schon hundertmal gesagt, daß ich glücklich sein könnte, wenn ich so beschränkt wäre wie meine Nachbarin, und doch wollte ich ein solches Glück nicht‹.

Die Menschen, die mit ihrem Dasein zufrieden sind,

wissen sehr wohl, daß sie zufrieden sind, die Menschen aber, die denken, wissen nicht so sicher, ob sie richtig denken. Also ist es klar, daß man eigentlich besser auf den gesunden Menschenverstand verzichten sollte, weil eben doch dieser gesunde Menschenverstand zu unserem Unbehagen beiträgt. Alle stimmten mir zu, doch fand ich niemanden, der diesen Handel eingehen wollte: Beschränkt zu werden, um zufrieden zu werden. Daraus schloß ich, daß uns trotz allem an der Vernunft noch mehr liegt als am Glück. Aber wenn man darüber nachdenkt, scheint es doch sehr unsinnig, die Vernunft dem Glück vorzuziehen. Wie soll man diesen Widerspruch erklären?«

Leider ist es mir nicht möglich, unsere langen Gespräche, die sich an diese Geschichte anschlossen, wörtlich wiederzugeben. Die Gespräche waren lebhaft, Fragen lösten Gegenfragen, Behauptungen Gegenbehauptungen, Argumente Gegenargumente und Beispiele Gegenbeispiele aus, und immer wieder Bitten um Erläuterung, Präzisierung, Begründungen. Auf diese Weise bohrte sich das Gespräch immer tiefer in Probleme hinein, über die die Kinder, wenn überhaupt, vorher nur sehr flüchtig nachgedacht hatten. Ich übergehe die Fülle der von dem Text aufgeworfenen und von uns intensiv diskutierten Fragen wie z. B. über Wohlstand und Moral, Zeit, Ewigkeit, Seele, Geist, die Bestimmung des Menschen, das Böse und beschränke mich auf einige Fragen, die die Kinder zum Thema Wissen und Glück aufwarfen und die wir gemeinsam erörterten: Was ist Wissen, was ist Weisheit? War der Brahmane wie Sokrates (von dem sie in frühereren Sitzungen einiges gehört hatten) weise? Worin bestand seine Weisheit? Darin, daß er wußte, nichts zu wissen? Ist das nicht ein Widerspruch, eine Paradoxie? Dann wußte er also doch etwas? Aber um zu wissen, daß man nichts weiß, muß man dazu nicht viel wissen? Wie ist es zu erklären, daß je mehr einer weiß, er umso mehr wissen will, daß aber je mehr einer weiß, er umso mehr weiß, daß er nichts weiß? Analog dazu: Je mehr einer hat, umso mehr will er besitzen. Je mehr er will, desto ärmer ist er – denn: »Reichtum ist Armut an Wünschen«. Wissen unsere Lehrer alles? Müssen die auch manchmal so tun, als wüßten sie alles? Welches Wissen ist wert gewußt zu werden? Was sollen wir in der Schule lernen? Wenn wir bei einer Fee drei Wissenswünsche frei hätten, wonach würden wir fragen? Den Kindern ging die Verzweiflung des alten Brahmanen nahe, der sich so nach Erkenntnis und Gewißheit über die »letzten Dinge« sehnte; der sich mit den Fragen »woher ich komme, was ich bin, wohin ich gehe, was aus mir werden wird«, um seine innere Ruhe bringt. Und es dämmerte ihnen die Größe und Tragik, die darin liegt, daß er mit seiner größeren Verstandesklarheit und seinem tieferen Gemüt, als gewöhnliche Menschen sie besitzen, nur umso unglücklicher sein mußte. Wollten sie selbst um den Preis geistiger Beschränktheit glücklich sein? Wollten sie lieber der Brahmane oder die alte Frau sein, denkende Person oder ein »Automat von Mensch« sein? (Die Kinder verwiesen auf die Berliner Redensart: »Der hat's gut, der is blöd!«) Können Steine, Pflanzen, Tiere glücklich sein – wenn nein, warum nicht, und wenn ja, in welchem Sinne? Wäre es um des eigenen Seelenfriedens willen besser, nichts zu wissen von all dem Schrecklichen und Bösen, das in der Welt vorgeht? Was wäre, wenn wir die Antwort auf alle unsere Fragen hätten oder sie zu haben glaubten – wären wir dann glücklich? Wird die Wissenschaft einmal in ferner Zukunft alle Fragen beantworten, werden die Menschen dann glücklich sein?

Über diese und andere Fragen tauschten die Kinder lebhaft und engagiert ihre Gedanken aus. Es war eindrucksvoll zu beobachten, wie sie ihre Standpunkte im Laufe des Gesprächs unter dem Eindruck widerstreitender Argumente klärten, erweiterten, änderten. Die Entscheidung für Denken und Bewußtsein mit all ihren Risiken und gegen das bloß animalische Glück wurde mit sichtlicher emotionaler Anteilnahme getroffen. Die Kinder entschieden sich dafür, daß Glück nur Glück ist, wenn man darum weiß, daß man glücklich ist, daß aber das Wissen um das, was nicht so ist, wie es sein soll, die hauptsächliche Quelle des Unglücklichseins ist. Ronald zog daraus den Schluß, es käme darauf an, wie man die Dinge ansähe, die einen unglücklich machten, und da man über seine Gedanken verfügen könne, hänge es von einem selbst ab, wie glücklich man sei - eine wahrhaft philosophische Einsicht!

Yael erkannte klarsichtig, daß alles zu wissen, was man zu wissen wünsche, nicht erstrebenswert sei, weil dann das Leben unerträglich »langweilig« würde; wir würden dann z. B. nicht hier sitzen und hätten keinen Spaß an der gemeinsamen Untersuchung schwieriger Fragen. Der Weg sei häufig interessanter als das Ziel, erst durch das Nichtwissen werde Wissen reizvoll, sagt sie, und verweist auf die Analogie mit dem Besitzen: wenn kein Wunsch mehr offenbliebe, verlöre alles seinen Wert, dann könne man sich auf nichts mehr freuen. Dagmar verallgemeinert, alles habe seine Kehrseite, das gelte für das Wissen, das Besitzen, für das Böse und alles, worüber wir so lange nachgedacht hätten. Etwas würde erst in dem, was es ist, durch das erkannt werden können, was es nicht ist – leider hatten wir nicht genug Muße, dieser dialektischen Denkfigur weiter nachzugehen.

Nachdem wir die »Tiefenstruktur« des Themas Glück in ihren Umrissen aufgehellt hatten, lasen wir zusammen einige Texte wie die Märchen »Hans im Glück« und »Das Hemd des Glücklichen« (Italo Calvino) und eine kurze Geschichte des Sufi- Dichters Attar. Die »Botschaft« dieser Texte fiel den Kindern nun »in den Schoß«.

Man konnte den Eindruck haben, daß mit der Gewinnung von ersten Stand-Punkten in einer so zentralen Lebensfrage wie der nach dem persönlichen Glück den Kindern ein Stück Ichfindung und gedanklicher Lebensbewältigung gelang. Ich bin sicher, daß die Beschäftigung mit nicht-trivialen Problemen wie diesen schon in der Kindheit dem Existenzgefühl eine gewisse Tiefe verleiht und das Bewußtsein um neue Räume erweitert. Zudem ist schwer vorstellbar, daß Kinder und Jugendliche, die die Lust am Denken gespürt und in der Erfahrung vielfältiger Denkwege und Denkmöglichkeiten gelernt haben, Probleme offen zu halten, so leicht der Gefahr des Dogmatismus und der Intoleranz erliegen oder Opfer von weltanschaulichen Verführungen werden können.

VIII
Philosophie in der Schule

Seit ihren Anfängen in der griechischen Antike hat die Philosophie immer in besonderer Nähe zur Bildung und Erziehung gestanden. Bis ins 19. Jahrhundert war sie die zentrale Bildungsmacht. Wahre Menschenbildung war wesentlich nur als philosophische Bildung denkbar. Doch dann übernahmen neue und andere Fächer den Part an den Schulen, der bislang der Philosophie zugefallen war, und verwiesen sie auf eine Randposition im Fächerkanon, wenn ihr denn überhaupt noch eine Existenzberechtigung zuerkannt wurde. Seitdem nimmt die Diskussion kein Ende mehr, ob sie an der Schule noch eine Aufgabe und, wenn ja, wie sie sich ihrer zu entledigen habe. In allen Ländern ist dabei immer nur von der Oberstufe der Höheren Schulen die Rede. Umso bemerkenswerter sind die schon erwähnten Bestrebungen deutscher Pädagogen aus den Zwanziger und frühen Dreißiger Jahren unseres Jahrhunderts, sie schon in der Unterstufe heimisch zu machen. Leider sind diese hoffnungsvollen Ansätze von den faschistischen Machthabern im Keim erstickt worden.

Das pädagogische Interesse an der Philosophie geht seit jeher vor allem in zwei Richtungen: in Richtung auf moralische Erziehung und auf die Schulung des Verstandes, die Gewöhnung, »mit förmlichen Gedanken umzugehen« (Hegel). In der Logik hatte man in der alten Schultradition das geeignete Instrumentarium für ein wirksames Denktraining erblickt. Da die Logik beschreibe, wie Menschen denken, befähige die Beherrschung ihrer Regeln zum richtigen Denken. Wenn der Schüler erst einmal die Gesetze der Logik beherrsche, so die

Erwartung, werde er diese auf praktische und theoretische Probleme anwenden und so effizienter denken können. Einen Reflex dieser alten Schultradition und zugleich bissige Kritik daran finden wir in Goethes Faust, wo es heißt: »zuerst Collegium Logicum./ Da wird der Geist Euch wohl dressiert,/ in spanische Stiefeln eingeschnürt,/ daß er bedächtiger so fortan/ hinschleiche die Gedankenbahn,/ und nicht etwa, die Kreuz und Quer,/ irrlichtelieren hin und her.«

Die Logik, als Lehrgegenstand aus vielen Gründen seit mindestens hundert Jahren aus unseren Schulen verbannt, hat in den letzten Jahren ein unerwartetes Come-back gefeiert. Sie spielt eine zentrale Rolle in einem Philosophielehrgang für Kinder, den der schon erwähnte amerikanische Philosophieprofessor Matthew Lipman in den letzten zehn Jahren entwickelt hat. Ihm und seinem von ihm ins Leben gerufenen »Institut für die Förderung der Philosophie für Kinder (IAPC)« gebührt das Verdienst, dem Gedanken, daß die Philosophie selbst jüngeren Kindern etwas zu sagen habe, weltweit Beachtung verschafft zu haben. Wer ist dieser Mann, welche Ideen vertritt er? Was hat er geschaffen und erreicht?

Als Lehrer für Logik und Philosophie an der Columbia University/New York machte Lipman während der Studentenunruhen in den späten sechziger Jahren die bestürzende Erfahrung, wie wenig entwickelt die rationalen Fähigkeiten seiner Studenten waren, wie oft blinder Aktionismus oder Resignation angesichts komplexer gesellschaftlicher Probleme eine Folge mangelnden Vermögens zu analytischem Denken und kritischem Urteilen wären. Wie Nietzsche ist er der Meinung, daß »die Schule keine wichtigere Aufgabe hat, als strenges Denken, vorsichtiges Urteilen, konsequentes Schließen zu lehren«. Für ihn ist es in erster Linie die Aufgabe der Philosophie bzw. des schon im Kindesalter einsetzenden Philosophieunterrichts, dafür Sorge zu tragen, daß die rationalen Fähigkeiten der Schüler so früh und so wirksam wie möglich entwickelt werden.

Ein Unterricht in Philosophie erst auf dem College, das etwa unserer gymnasialen Oberstufe entspricht, kommt für Lipman zu spät, um noch nachhaltigen Einfluß auf die

Denkgewohnheiten und die kritische Urteilsfähgkeit der Jugendlichen nehmen zu können. Entweder ist die Fähigkeit zum rationalen Argumentieren und Urteilen dann bereits vorhanden oder aber sie läßt sich dann nur noch schwer vermitteln. Deshalb muß ein wirksamer Philosophieunterricht bereits in der Grundschule einsetzen.

Lipman hält es für abwegig, von den herkömmlichen Schulfächern allein die Erfüllung des denkerzieherischen Auftrags der Schule zu erwarten: »Obwohl der Lese- und Mathematikunterricht auf nützliche Weise zu gutem Denken beitragen, reichen sie nicht aus, um es hervorzubringen. Die Tatsache, daß Johnny addiert, subtrahiert, multipliziert, dividiert und durch sein Lesebuch stürmt, heißt nicht, daß er denken kann. Es heißt nicht, daß er Gewohnheiten effizienten Denkens oder unabhängigen Urteilens entwickelt«.

Der Grund dafür liegt in dem unterschiedlichen Abstraktionsgrad der mathematischen und begrifflichen Deduktion: »Natürlich wäre es absurd, bestreiten zu wollen, daß Mathematik Denken erfordert. Aber es ist ein Denken, das so hochgradig abstrakt ist, so unglaublich sui generis, daß erst noch nachgewiesen werden muß, daß die Fähigkeit für mathematische Ableitungen in einer irgend bedeutsamen Weise übertragbar ist auf begriffliche Deduktion«.

Andererseits scheint ihm der auf die Erfassung des Textsinns gerichtete Leseunterricht zu sehr der konkreten und unmittelbaren Bedeutungsebene verhaftet zu sein, um eine fruchtbare Übertragung des textimmanenten, literarischen Schließens auf die abstraktere Ebene des begrifflichen Schließens zu ermöglichen.

Die Denkfertigkeiten, die die Schüler im Philosophieunterricht erwerben, stellen für Lipman eine wertvolle Grundlage für den Erwerb von Kenntnissen und geistigen Fähigkeiten in den übrigen Schulfächern dar. Kinder, die grundlegende Denkfähigkeiten wie die Fähigkeit zu klassifizieren und definieren, induktiv und deduktiv zu schließen, Implikationen zu erkennen, Hypothesen aufstellen u. s. f. erworben haben und die sich zu rationalem Denken und besonnenem Handeln verpflichtet fühlen, sollten eher in der Lage sein, die intellektuellen Anforderungen der übrigen Fächer zu meistern, sowie besser zuhören, besser lernen und sich besser ausdrücken können. Lipmans Bemühungen, auch empirisch nachzuweisen, daß Kinder, die an seinem Philosophieunterricht teilgenommen haben, besser denken können und bessere Leistungen in den traditionellen Schulfächern erzielen, scheinen diese Annahmen zu bestätigen.

Darüber hinaus ist nach Lipman gerade der Philosophie- unterricht geeignet, grundlegende Fragen und Konzepte aus allen Fächern aufzugreifen. Als ein von vielen möglichen Beispielen sei das Schreiben von Texten herausgegriffen: »Im allgemeinen weigern sich Kinder etwas zu tun, was sie nicht verstehen. Ein Gedicht schreiben oder einen Aufsatz verfassen zu müssen, ist für manche Kinder eine schreckliche Zumutung. Sie vestehen nicht, warum sie das tun sollen, und sehen auch nicht die damit verbundenen grundsätzlichen Probleme und die Bedeutung dieser Aktivitäten für ihr Leben. In einem Philoso- phiekurs... könnten gerade dazu Überlegungen angestellt werden. Sie (sc. die Schüler) könnten die Gelegenheit bekom- men, Kriterien für gelungenes Schreiben zu diskutieren, den Unterschied zwischen Poesie und Prosa, das Verhältnis von Erfahrung und Sinn, von Gefühl und Ausdruck, die Unter- schiede zwischen Tatsache und Fiktion und zwischen Erklä- rung und Beschreibung. Weiterhin könnten sie solche Begriffe wie Abenteuer, Phantasie, Aufmerksamkeit, Wahrnehmung, Definition, Kommunikation, Möglichkeit, Bedeutung, Über- raschung und Vollkommenheit explorieren«.

Die Idee eines Philosophieunterrichts für Kinder erwächst bei Lipman aber nicht nur aus der Beobachtung eines häufig verkümmerten Denkvermögens und einer geringen Denkbe- reitschaft der Jugendlichen, sondern auch aus einer scharfen Kritik an der Schule: »Die Schule vermittelt dem Kind ein negatives Charisma, eine unbegründete Überzeugung seiner intellektuellen Impotenz, ein Mißtrauen gegenüber seinen eigenen geistigen Kräften außer denen, die es benötigt, um mit Problemem fertig zu werden, die ihm von anderen gestellt werden. Die lebhafte Neugier, die ein so wesentlicher Teil der natürlichen Regungen darstellt, wird ihm früher oder später durch das Erziehungssystem ausgetrieben«.

In dem IAPC-Programm der Erziehung zu Rationalität, zu klarem, logischem, analytischem und kritischem Denken nimmt die formale und informelle Logik einen zentralen Platz ein. Für Lipman ist die Logik ein wesentlicher und unverzichtbarer Bestandteil allen Philosophierens mit Kindern. Dies läßt sich u. a. daran ablesen, daß bereits der erste Lehrgang in Philosophie für Kinder, den Lipman 1970/71 entwickelt hat, nämlich »Harry Stottlemeiers Entdeckung« (man beachte den Anklang an Aristoteles!), den inhaltlichen Akzent auf die Logik legt. Lipman schreibt in dem 1970 erschienenen Aufsatz »Philosophie für Kinder:« »Wir unterrichten Körperpflege, Hygiene und Sport. Was tun wir zur Unterrichtung von Kindern in der Pflege ihres Verstandes? In der Tat, genauso wie Piaget irgendwo bemerkt hat, daß Ethik die Logik des Verhaltens sei, ist Logik die Moral des Denkens... Wenn wir... unterrichten, was ›richtig‹ und was ›falsch‹ ist, sollten wir auch danach trachten zu unterrichten, was ›richtig‹ und ›falsch‹ an Gedanken ist, d. h. Logik«.

So sehr Lipman auf der Behandlung der Logik als integralem Bestandteil allen Philosophierens mit Kindern beharrt, so sehr betont er auch, daß es dabei nicht um den Erwerb logischer Fähigkeiten um ihrer selbst willen gehen dürfe. Relativ unwichtig ist ihm die Manipulation abstrakter Symbole ohne Bezug zur Alltagserfahrung des Kindes, wie sie beispielsweise häufig im Mathematikunterricht verlangt wird. »Kritisches Denken« schließt zwar die Beherrschung formallogischer Regeln ein, ist jedoch im Unterschied zum mathematischen Denken stets auf Inhalte, Fragen und Probleme aus der Lebenswirklichkeit des Kindes gerichtet. Ziel ist, bewußt zu machen, daß menschliches Wissen und menschliche Erfahrung Prinzipien der Logik unterworfen sind, und eine Haltung anzuerziehen, für die es trotz der damit verbundenen Mühe und möglichen Verunsicherung selbstverständlich ist, daß Denken und Handeln, wo eben möglich, von diesen Prinzipien geleitet werden. »Das Ziel eines Programms zur Vermittlung von denkerischen Fertigkeiten und Fähigkeiten besteht nicht darin, Kinder zu Philosophen oder effektiven Entscheidungsträgern heranzubilden, sondern ihnen dabei zu helfen, überlegtere, nachdenklichere, rücksichtsvollere, urteilsfähigere und vernünftigere Individuen zu werden«. Lipman wird nicht müde, darauf zu bestehen, daß in den Kindern ein Bewußtsein davon ausgebildet werden soll, daß es besseres und schlechteres beziehungsweise falsches Denken gibt, daß also das Vermögen, rational und selbständig zu denken und zu handeln, nicht einfach einem jeden in die Wiege gelegt wird, sondern erworben sein will. So wie über die Korrektheit von Sätzen allein anhand der Regeln der Grammatik entschieden werden könne, so lasse sich auch besseres von schlechtem oder richtiges von falschem Denken einzig mittels logischer Kriterien wie Konsistenz, Validität, Wahrheitsbedingungen usf. unterscheiden.

Im Unterschied zu traditionellen Logiklehrbüchern wird die Logik hier nicht abstrakt und ohne Bezug auf Inhalte abgehandelt, sondern ist tendenziell eingebettet in einen Kontext von Ideen, auf die sie angewendet werden kann. Diese Ideen werden verschiedenen Bereichen der Philosophie entnommen, was weiter unten noch illustriert wird. Eine die Logik einbeziehende Erziehung zur Rationalität hilft dem Kind, sich besser in der Welt zurechtzufinden: »Die Verwirrung des Kindes über seine persönliche Identität, die Erwartungen seiner Familie, die Beziehungen zu seinen Gleichaltrigen, die Ambivalenz gegenüber der Schule und so weiter können nur bewältigt werden, wenn das Kind dazu angeregt und ermutigt wird, über sich nachzudenken und die grundlegende Richtung seines Lebens zu analysieren«. In der Auseinandersetzung mit den Ideen der philosophischen Überlieferung und mit den Gedanken der übrigen Gesprächsteilnehmer zu Problemen und Begriffen, um deren Verständnis das Kind ringt, findet es zu größerer Klarheit in für es existentiell wichtigen Fragen und entdeckt erste Umrisse seiner eigenen Lebensphilosophie. Damit übernimmt die Philosophie für Kinder eine positive und über die bloße Vermittlung von Denkfähigkeit hinausgehende identitätsstiftende Aufgabe.

Die Frage, die sich Lipman stellte, lautete: kann man bereits mit Kindern im Alter von sechs Jahren an aufwärts sinnvoll philosophieren und, wenn ja, wie sollte bzw. müßte dieses Philosophieren didaktisch organisiert werden? Wie kann man Kinder im Unterricht, also in der Regel ohne konkreten Anlaß, in ein Gespräch über philosophische Fragen verwikkeln? Klar war Lipman, daß er Kindern in diesem Alter nicht unvermittelt mit formaler Logik oder einer abstrakten Darstellung von Problemen und Begriffen aus der philosophischen Tradition kommen konnte. Da kam ihm die Idee, Geschichten zu schreiben, in denen philosophische, d. h. logische, ethische, ästhetische Probleme in den Gang der Erzählung einigermaßen unsystematisch eingewoben werden. Diese philosophischen Kinderbücher sind so angelegt, daß die Schüler sich leicht mit den Personen der Handlung, ihren Lebensumständen und Gewohnheiten identifizieren können. Beschrieben werden kurze alltägliche Episoden im Leben von Kindern.

In »Harry Stottlemeiers Entdeckung« werden außer den zur Logik und Wissenschaftstheorie zu rechnenden Themen z.B. zum Thema »Denken« u.a. folgende Fragen aufgeworfen:

Was ist Denken? Was sind Gedanken?

Sind Gedanken wirklich? Wenn ja, worin besteht ihre Wirklichkeit?

Welche geistigen Handlungen lassen sich unterscheiden (z. B. denken, urteilen, sich vorstellen, erinnern, wünschen, hoffen, träumen usf.) und worin unterscheiden sie sich?

Worin liegt der Unterschied zwischen geistigen und körperlichen Handlungen?

Warum ist Nachdenken schwer und Phantasieren leicht?

Kann man sich etwas ganz Neues ohne Rückgriff auf Wahrgenommenes ausdenken?

Kann man sich Gedanken verbieten, einfach aufhören zu denken?

Gibt es besseres und schlechteres, richtiges und falsches Denken?

Wo sitzen die Gedanken – im Gehirn, im Kopf, nirgendwo?

Kann man ohne Sprache denken?

Können Tiere denken?

Um einen Eindruck von »Harry Stottlemeiers Entdeckung« zu vermitteln, gebe ich folgenden Textausschnitt wieder:

»›Ich habe meine Lieblingsgedanken. Und ich habe andere, die ich gar nicht denken möchte‹.

›Aber Gedanken sind nicht richtig wirklich‹, fügte Jill hinzu. ›Ich meine, sie sind nicht so wirklich wie die Dinge in diesem Raum…‹

›Klar, aber er ist ein wirklicher Gedanke‹, antwortete Frances.

›Meinst du‹, fragte Lisa Jill, ›daß die Dinge, an die du denkst, nur wie eine Kopie sind und nicht richtig wirklich?… Aber ich habe eine Menge Gedanken, die sind keine Kopien von irgend etwas‹.

›Welche?‹ fragte Jill.

›Na, zum Beispiel Zahlen‹, antwortete Lisa triumphierend.

›Hast du jemals eine Zahl die Straße heruntergehen oder irgendwo rumstehen sehen? Der einzige Ort, an dem die Zahlen wirklich sind, ist unser Kopf, und ich wette, es gibt eine ganze Menge Dinge außer Zahlen, die nur in unserem Verstand wirklich sind‹.

›Das ist richtig‹ warf Frances ein. ›Aber wie steht es mit unseren Gefühlen?‹«

Die Philosophielehrgänge des IAPC für Kinder und Jugendliche zielen ebenso auf Breiten- wie auf Tiefenwirkung. Es liegen Lehrmaterialien für alle Altersstufen vom Kindergarten und von der Vorschule bis zum frühen Erwachsenenalter vor, die allesamt in der Übersetzung von Daniela Camhy auf deutsch erscheinen sollen. Sie sind von vornherein unter dem Aspekt der Integrierbarkeit in das amerikanische Schulsystem und in der Absicht entwickelt worden, auf die intellektuelle und Persönlichkeitsentwicklung nicht nur einiger weniger sozial Privilegierter und besonders Begabter Einfluß zu nehmen. Außer mit den philosophischen Geschichten werden die Lehrer mit Hilfen zur Vorbereitung auf den Unterricht und mit umfangreichen didaktischen Materialien wie Diskussionsleitfäden, Übungsaufgaben, Tests u.dgl. versorgt. Das IAPC bietet für interessierte Lehrer Fortbildungslehrgänge in »Philosophie für Kinder« an. Auf der Grundlage der von Lipman und seinen Mitarbeitern entwickelten Lehrgänge wird heute Philosophie als Unterrichtsfach an unzähligen Schulen in den USA und in vielen anderen Ländern unterrichtet.

Ich selbst habe in insgesamt vier Durchgängen mit wechselnden Gruppen verschiedenen Alters und Zusammensetzung mit dem Unterrichtsprogramm »Harry Stottlemeiers Entdeckung«, das für Kinder im Alter von 10–12 konzipiert ist, gearbeitet und auch Lehrer damit vertraut gemacht. Dabei hat es sich aufgrund seiner gründlich durchdachten und vielfach erprobten Konzeption und dank der vielfältigen Hilfen, die es bietet, als gut brauchbarer Einstieg für Lehrer und Eltern in das Philosophieren mit Kindern erwiesen, insbesondere was die Vermittlung formaler Denkfertigkeiten angeht.

Allerdings erschwert der Charakter des Textes als einer Sammlung von interessanten, jedoch ziemlich heterogenen Themen, eine gründlichere Vertiefung der aufgeworfenen Probleme. Die didaktischen Handreichungen leiden, vor allem was die vorgeschlagenen Übungen betrifft, an einer gewissen Trivialität. Die außerordentlich weitgehende Vorstrukturierung des Unterrichts durch Text und Materialien birgt die Gefahr der Verschulung des Unterrichts und der Routine in sich. Deswegen sei davor gewarnt, sich langfristig allein auf die IAPC-Materialien zu stützen.

Lipman hat die Frage »Philosophie im Unterricht oder Unterricht in Philosophie?« klar zugunsten eines eigenen Schulfaches »Philosophieunterricht« auf allen Altersstufen entschieden. Dagegen plädiere ich mit Hermann Nohl dafür, sich beide Wege offenzuhalten. Denn es wäre verhängnisvoll, die schier unbegrenzten Möglichkeiten, die der Unterricht in allen Fächern zur Erschließung philosophischer Ideen bietet, ungenutzt zu lassen. Bedauerlicherweise bieten die Rahmenpläne für den Unterricht kaum Hinweise auf mögliche philosophische Vertiefungen der Unterrichtsthemen. Die »Verwissenschaftlichung des Unterrichts« mit seiner Tendenz zur Spezialisierung und Fragmentarisierung des Wissens verfehlt das Bedürfnis von Kindern nach umfassenderen und die Mannigfaltigkeit der Einzelphänomene transzendierenden Sinnstiftungen. Fächerübergreifende philosophische Ideen könnten die Wissensbereiche innerlich verklammern und überraschende Zusammenhänge stiften. Darüber hinaus hat natürlich jedes Fach seine »letzten Fragen«, die für Kinder häufig genug erste Fragen sind. Ihr Denken richtet sich häufig auf globale Fragen und grundsätzliche Probleme, auf das Ganze der Welt, bevor sie sich für einzelwissenschaftliche Erklärungen interessieren.

Will die Erziehung an der regulativen Idee der Bildung festhalten, kann sie dem mit ihr einhergehenden Anspruch nur gerecht werden, wenn sie die philosophische Dimension der Bildung nicht ausklammert. Spätestens auf dem Gymnasium müssen sich Schüler damit auseinandersetzen, daß sich an der Schule eine Kluft zwischen den »zwei Kulturen« (Snow), den geisteswissenschaftlichen und den naturwissenschaftlichen Fächern auftut, die einander so fremd gegenüberstehen, daß zwischen ihnen kaum eine Verständigung stattfindet. Diejenigen unter den Schülern, die sich dem naturwissenschaftlichen Lager zugeschlagen haben, erklären die geisteswissenschaftlichen Fächer für »Laberfächer«, in denen es zu wenig auf Klarheit, Schärfe und Genauigkeit des Denkens und auf greifbare und verwertbare Ergebnisse ankomme, während die von der geisteswissenschaftlichen Front den Naturwissenschaften u. a. den Vorwurf machen, sie gingen am Menschen vorbei und reflektierten zu wenig Sinn, Zweck und Folgen ihres Tuns. Diese tiefe ideologische Spaltung der Schulfächer bringt die Erfüllung des Bildungsauftrags der Schule in Gefahr, weil die Schüler nur jeweils einen Teil des ihnen von der Schule gebotenen »Bildungsguts« »an sich herankommen lassen« und so allzu früh einseitig gebildet werden. Die Philosophie, die traditionell die vor und hinter allen Einzelwissenschaften angesiedelten Probleme bearbeitet, könnte eine Brücke zwischen den Schulfächern schlagen.

IX
Philosophie nur für besonders Begabte?

Im Lauf der normalen geistigen Entwicklung eines jeden Kindes ist es unausweichlich, daß es bei der Konstruktion seines Weltbildes nachdenkend auf »letzte Fragen« stößt. Jedes Kind überrascht hin und wieder durch eine tiefernste Nachdenklichkeit und »geniale Geistesblitze«. Zum Leidwesen vieler Eltern verlieren sich aber bald die Nachdenklichkeit und die Tiefe, Originalität und Spontaneität der Gedanken mit dem Eintritt in die späte Kindheit. Ein erfolgreiche »Sozialisation« besteht für viele Kinder offenbar in der Aufpropfung konventioneller Denk-, Seh- und Gefühlsweisen. Sie lernen schnell, allzu schnell, sich auch in dem, was und wie sie denken, wie sie wahrnehmen und fühlen, an die Norm anzupassen. Die problematischen Aspekte der Erfahrung, die das jüngere Kind so intensiv erlebt, werden durch Routinen und Klischees verdeckt, die Ahnung von der Tiefe der Welt verblaßt. Die Dinge werden alltäglich, allzu vertraut und selbstverständlich, die »Kruste von Gewohnheiten« (Tagore) immer undurchdringlicher.

Es ist bisweilen beängstigend, wie früh manche Kinder dem Konformismus im Denken und Fühlen verfallen, das Staunen und Fragen verlernen und selbständiges Denken scheuen. In unseren Kursen hatten wir immer wieder Kinder, die sicherlich außergewöhnlich »klug« waren, aber den eigentlich philosophischen Fragen wenig abgewinnen konnten oder schnell mit Allerweltsantworten bei der Hand waren. Ihre Stunde haben diese Kinder, wenn es um die Lösung von Knobelaufgaben und logischen Problemen geht. Andere Kinder aus denkbar unterschiedlichsten Elternhäusern legten dagegen eine besondere Sensibilität und Offenheit für metaphysische Erfahrungen und philosophische Fragen an den Tag, eine Freude an der philosophischen Spekulation, eine besondere Lust am Durchdenken abgründiger Probleme.

Wenn es selbst unter den als besonders begabt und interessiert geltenden Kindern, mit denen ich es zweifellos in meinen Kursen zu tun hatte, so beträchtliche Unterschiede in dem Grad gab, in dem sie sich spontan zur Philosophie hingezogen fühlten, läßt sich erwarten, daß diese Neigungs- und Interessenunterschiede bei als »durchschnittlich begabt« geltenden Kindern mindestens ebenso groß sind. Im allgemeinen legen die Verfechter der Kinderphilosophie großen Wert auf die Feststellung, daß der Unterricht in Philosophie für Kinder keinesfalls nur eine Veranstaltung für sogenannte Hochbegabte sein soll, sondern allen Kindern etwas zu sagen und zu bieten habe. In der Zeitschrift »Thinking«, dem wohl am meisten verbreiteten wissenschaftlichen Forum für Kinderphilosophie, werden sogar Beiträge veröffentlicht, die den besonderen Wert eines Philosophieunterrichts für Kinder mit Lern – und Verhaltensschwierigkeiten zu begründen suchen. Offenbar fürchtet man um die beabsichtigte Breitenwirkung der Kinderphilosophiebewegung.

Auch ich bin der Ansicht, daß die gelenkte Begegnung von Kindern mit der Philosophie nicht auf die sogenannten Hochbegabten beschränkt bleiben sollte. Andererseits haben mir meine Erfahrungen mit außerschulischen Kursen in Philosophie für besonders begabte und interessierte Kinder gezeigt, daß gerade solche Kinder ein großes, von der Schule weitgehend ungestilltes Bedürfnis empfanden, tiefer über grundlegende Fragen nachzudenken.

Eltern erkennen im allgemeinen sicherer als Lehrer eine besondere intellektuelle Begabung ihres Kindes. Sogenannte hochbegabte Kinder machen durch eine Vielzahl von Hinweisen auf ihre Besonderheit aufmerksam. Sie fallen schon als jüngere Kinder durch eine beschleunigte geistige Entwicklung und durch außergewöhnliche Denkfähigkeiten, großen Einfallsreichtum, weitgespannte Interessen und durch eine außerordentliche Beharrlichkeit beim Verfolgen von für sie interessanten Problemen auf. Sie verfügen über einen erstaunlich umfangreichen und differenzierten Wortschatz und lernen im allgemeinen leicht und gern. Nicht selten beeindrucken sie durch »frühreife« Interessen und Leistungen auf Spezialgebieten. Ein besonders untrügliches Zeichen für Hochbegabung ist ihr gesteigerter Bedarf an Komplexität, ein andauerndes Interesse an schwierigen, nicht sofort lösbaren Problemen, ihr Sinn für hintergründigen Humor, Witz und Ironie, ihr schier unstillbarer Wissens- und Erkenntnishunger, eine fast totale Hingabe an intellektuelle Herausforderungen, frühe Selbständigkeit des Denkens und eine gesteigerte geistige Erlebnisfähigkeit, aber auch eine besondere Anfälligkeit für Stress durch Langeweile bei Unterforderung. Ihr Verhalten wirkt auf andere oft unkonventionell, eigen-sinnig, frühreif, woraus sich soziale Probleme ergeben können.

Der Steckbrief der Hochbegabung ließe sich unschwer verlängern, denn der Begriff »Hochbegabung« leidet darunter, daß er – notgedrungen – ein zu weites Spektrum von Verhaltens-, Leistungs- und Persönlichkeitsdimensionen umfaßt, wodurch sein »Erklärungswert« im Einzelfall verschwindend gering wird. Wir verfügen nicht über eine Theorie der Hochbegabung, was der Versuchung, diesen Begriff überzustrapazieren oder ihn gar mißbräuchlich zu verwenden, Tür und Tor öffnet.

Auch wenn wir den Begriff »Hochbegabung« aus wissenschaftlichen, gesellschafts- und bildungspolitischen sowie pädagogischen Gründen lieber nicht verwenden sollten, bleibt uns das Phänomen, für das der Begriff steht, erhalten und damit die Verpflichtung, den speziellen geistigen Bedürfnissen dieser Kinder, so gut wir können, entgegenzukommen. Daß die Schule in diesem Punkt weitgehend versagt, hat eine lange Tradition. Fritz Mauthner, der bedeutende Sprachphilosoph, Vorläufer und Anreger Wittgensteins, klagte schon in den zwanziger Jahren unseres Jahrhunderts: »Nur eins ist noch schlimmer: Die schablonenhafte Behandlung der Ausnahmemenschen, die überall in der Volksschule und... auch auf den höheren Schulen vorkommen. Deutschland ist stolz auf seine Schulorganisation... Aber die Schulorganisation mit ihren ungeheuren Ziffern ist nur auf den Durchschnitt berechnet, nur der Durchschnitt läßt sich reglementieren. Das Reglement wird zum Martyrium für alle Kinder unter und über dem Durchschnitt. Vom genialen, hochbegabten Kinde wird dieses Martyrium doppelt schwer empfunden. Man redet immer von Überbürdung, für das geniale Kind ist der vorgeschriebene Wissensstoff noch viel zu gering; es verlangt wie der kleine Lessing, nach dem Worte eines seiner Lehrer, nach doppeltem Futter. Sechs bis acht Jahre muß es auf der Volksschule wiederkäuen, was es in einem Jahre verdauen könnte, acht bis neun Jahre auf dem Gymnasium repetieren, was es in drei Jahren gut lernen könnte. (Schopenhauer hat die Gymnasialbildung, und nicht schlecht, in dritthalb Jahren erworben). Nur damit das arme Kind den dummen oder faulen Söhnen der herrschenden Klasse nicht vorauseile. Wer dieses Martyrium durchgemacht hat, der möchte das vierte Gebot umkehren und befehlen: ›Du sollst deine Söhne und deine Töchter ehren, wenn du sie schon in die Welt gesetzt hast. Dann werden Vater und Mutter auch nicht zu kurz kommen‹«.

Die Situation der besonders Begabten und Interessierten hat sich in unseren Tagen nicht nennenswert gebessert. Dafür legen viele Leidensgeschichten von Eltern und Kindern Zeugnis ab, die sich in den letzten Jahren an die Beratungsstellen für Eltern hochbegabter Kinder wandten. Dabei liegt es in den meisten Fällen nicht an dem fehlenden guten Willen der Lehrer, wenn das besonders begabte Kind in der Schule nicht zu seinem Recht kommt; in der überbürokratisierten Schule mit ihren starren Strukturen sind »Ausnahmen« nun eben einmal nicht vorgesehen! Nicht nur in Fällen eklatanter geistiger Unterforderung ihrer Kinder durch die Schule müssen sich verantwortungsvolle Eltern aktiv in der Bildung ihrer Kinder engagieren, denn die geistige Kost, die die gegenwärtige Schule verabreicht, ist schon deswegen nicht als vollwertig anzusehen, weil Fragen der allgemeinen geistigen und moralischen Orientierung und Daseinsgestaltung weitgehend ausgespart werden und gegenüber der reinen Wissensvermittlung die Denkerziehung zu kurz kommt. Deshalb ist eine Ergänzung des schulischen Bildungsangebots für die intellektuell hochleistungsfähigen und – willigen Schüler besonders wichtig. Eltern, Pädagogen, Mediziner und Psychologen haben dies seit langem erkannt und an einigen Orten zur Selbsthilfe gegriffen. Es werden außerschulische Kurse auf den verschiedensten Wissensgebieten für interessierte Kinder angeboten, die von pädagogisch kompetenten Fachleuten auf den jeweiligen Gebieten geleitet werden.

Auch die Anregung, Philosophiekurse für besonders begabte und interessierte Kinder anzubieten, ging von besorgten Eltern aus, die von »frühreifen« und »tiefschürfenden« Äußerungen ihrer Kinder überrascht und wohl auch ein wenig in Verlegenheit gebracht wurden. Wie könnten sie die Neigung ihrer Kinder zum Sinnieren und Grübeln, wie sie das nannten, in »produktive« Bahnen lenken? Oder würde man Kinder beunruhigen und belasten, wenn man mit ihnen Gedanken verfolgte, die »nicht ihres Alters« wären? Hatten sie nicht andererseits beobachtet, daß dem Kind seelische Belastungen aus der Beschäftigung mit Fragen und Problemen erwuchsen, mit denen es allein nicht fertig wurde? Andere Eltern, die die überragende Intelligenz ihres Kindes einseitig auf die Verfolgung naturwissenschaftlicher und technischer Interessen gerichtet sehen, halten eine derart einseitige geistige Diät für schädlich. Die meisten Eltern jedoch sehen, wie mir scheint,in der Beschäftigung mit Philosophie in erster Linie ein geistiges Training. Darüber hinaus erkennen sie, daß gerade für hochbegabte Kinder, die nicht selten notgedrungen Einzelgänger sind, das spezifische Gemeinschaftserlebnis in der philosophischen Untersuchungsgemeinschaft mit etwa Gleichaltrigen besonders wertvoll sein kann.

Philosophische Themen bieten sich für die außerschulische Förderung besonders begabter und interessierter Kinder und für schulische Arbeitsgemeinschaften auch deshalb an, weil sie in der Regel außerhalb der herkömmlichen schulischen Lehrpläne liegen. Es besteht kein Anlaß zu befürchten, daß dem Fachunterricht vorgegriffen und die Kluft zwischen den schneller und den langsamer Lernenden nur noch vergrößert wird. Es werden keine besonderen Vorkenntnisse auf bestimmten Sachgebieten verlangt, um auf hohem Niveau erfolgreich mitarbeiten zu können. In den Kursen kann jeder Teilnehmer seine Interessen einbringen und diese philosophisch vertiefen, denn es gibt keine für Kinder interessante Frage, die nicht auch ihre philosophische Seite hätte. Das Fehlen einer philosophischen Fachterminologie ist kein Hindernis, um an philosophisch relevanten Fragen produktiv arbeiten zu können. Das Medium, in dem philosophiert wird, ist die Umgangssprache. An die Fähigkeit, komplexere Texte zu verstehen und die eigenen Gedanken zu formulieren, werden allerdings besondere Ansprüche gestellt. Die Teilnahme an Philosophiekursen sollte meiner Ansicht nach nicht an die Voraussetzung sehr guter Schulleistungen und besonderer Kenntnisse in einzelnen Fächern, sondern überwiegend an das Vorhandensein eines ausgeprägten Interesses geknüpft werden.

Das außerschulische Kursangebot für besonders begabte und interessierte Kinder in Berlin, das ein weites Themenspektrum von Ägyptologie und Astronomie bis Technologie und Zoologie umspannt, wird in der Regel von sehr viel mehr Jungen als von Mädchen wahrgenommen. Anders war es bei meinen Philosophiekursen, bei denen das Verhältnis von Jungen und Mächen wohl ausgewogen war. Offenbar ermutigen Eltern Mädchen weniger, sich an den Naturwissenschaften und der Technik zu erproben, erachten aber die Philosophie als für Mädchen »kongenialer«. Möglicherweise sind auf diesem Feld die Interessen bei Jungen und Mädchen auch weniger unterschiedlich ausgeprägt. In jedem Fall bietet es sich an, künftig mehr Kurse mit philosophischen Themen anzubieten, um dem Bedürfnis der besonders begabten Mädchen nach intellektuell anspruchsvollen, die Persönlichkeitsentwicklung fördernden Herausforderungen besser zu entsprechen.

Die von mir geleiteten Philosophiekurse für Kinder waren

nicht nur nach dem Geschlecht, sondern auch nach Alter, Interessen, Fähigkeiten, Denkstilen, Persönlichkeit der Teilnehmer ziemlich bunt zusammengesetzt. Diese Heterogenität wirkte sich eher günstig aus. Denn dadurch kamen Lebendigkeit, Themenvielfalt und Aspektreichtum in das gemeinsame Gespräch hinein, die sich in homogeneren Gruppen nicht so leicht einstellen. Auch um dieser Mannigfaltigkeit willen warne ich davor, bei der Zusammenstellung von philosophischen Gesprächsrunden unter den Interessenten eine Auswahl zu treffen. Denn eine Auslese – nach welchen Kriterien eigentlich? – würde unter Umständen zu einem Verlust der für ein philosophisches Gespräch wünschenswerten Vielfalt von Begabungen, Interessen, Erfahrungen, Persönlichkeiten und damit zu einer möglichen Verarmung führen. Wir schließen nicht aus der Tatsache, daß ein Kind etwa einen außergewöhnlich hohen Wert in einem Intelligenztest erreicht, darauf, daß Philosophiekurse für ihn das richtige sind. Vielmehr schließen wir aus der Tatsache, daß ein Kind ein ausgeprägtes Verlangen danach hat, sich mit schwierigen abstrakten Problemen auseinderzusetzen, darauf, daß es besonders begabt ist. Deshalb sollte, wo immer philosophische Gesprächskreise für Kinder eingerichtet werden, der Zugang allen Interessierten offenstehen, das Angebot sollte hinreichend differenziert sein, um unterschiedlichen Fähigkeiten und Interessen entgegenzukommen, und die Teilnahme sollte freiwillig sein.

Wie unterschiedlich die Interessen der einzelnen Kindern an einem Thema sein können, zeigte sich z.B. bei der Behandlung des Themas »Lüge und Wahrheit«. Einige Kinder interessierten sich brennend für die Frage, ob Tiere »lügen« können. Andere wollten klären, ob es Situationen geben könne, wo man verpflichtet sei, zu lügen. Wieder andere grübelten darüber, ob uns unsere Sinne »täuschen« können. Ein paar Kinder fühlten sich besonders von logischen Rätseln, bei denen es um Lügner und Wahrheitssager geht, angezogen.

Das Fazit meiner Überlegungen zur Frage, ob philosophische Aktivitäten nur etwas für besonders begabte und interessierte Kinder sei, lautet: allen Kindern, die sich dafür spontan interessieren und begeistern lassen, sollte man die Chance geben, sich auf dem ihnen jeweils angemessenen Niveau mit philosophischen Problemen zu befassen. Da die als besonders begabt geltenden Kinder auch in der Regel ausgeprägtere und dauerhaftere intellektuelle Interessen haben und ohnehin häufiger selbst auf philosophische Fragen stoßen als weniger Begabte, ist ihr »Bedürfnis« nach Klärung fundamentaler Fragen größer. Bei der Planung von Programmen für die Förderung der besonders Begabten und Interessierten sollte daher auch immer »Philosophie für Kinder« ins Auge gefaßt werden.

X
Mit Kindern Philosophieren:
Themen und Texte

In diesem Kapitel möchte ich denjenigen, die nach der Lektüre Lust bekommen haben, sich auf das Abenteuer »Philosophieren mit Kindern« einzulassen, einige inhaltliche Anregungen geben, wobei ich aus der Fülle der Möglichkeiten nur einige wenige herausgreifen kann. Das Literaturverzeichnis weist außer den in Kap. 8 beschriebenen Lehrgängen von Lipman, die eher für einen schulischen Kontext konzipiert sind, weitere Texte und Materialien für kinderphilosophische Aktivitäten nach.

Ungeachtet der vielen spontanen Anlässe, die das Zusammenleben bietet, um mit Kindern über philosophische Fragen ins Gespräch zu kommen, sollte man nicht darauf verzichten, Anlässe zu Gesprächen planvoll herbeizuführen und diese gründlicher vorzubereiten. Je formeller und »schulmäßiger« die Gesprächssituation und je größer die Gesprächsrunde ist, umso mehr Sorgfalt muß man auf ihre Planung verwenden. Die schönsten Möglichkeiten des philosophischen Gedankenaustauschs zwischen Erwachsenen und Kindern bietet nach meinen Erfahrungen eine Gesprächsrunde von 8 – 10 Teilnehmern. Aber auch für das Gespräch in der Familie zu zweit oder zu dritt ist eine Vor- und Nachbesinnung auf Ziel und Weg der Gespräche hilfreich.

Nach meinen Erfahrungen interessieren sich Kinder von sich aus für viele philosophische Probleme oder lassen sich zumindest dafür gewinnen, wenn man sie nur in einer Form darbietet, die ihrem geistigen Habitus entspricht. Wenn sie nicht schon durch die Schule geschädigt sind, sind Kinder ihrer

Natur nach allem Neuen gegenüber aufgeschlossen, vorurteils-
frei und phantasievoll. Sie lieben den Witz, das Paradoxon, das
Überraschende und Vieldeutige. Sie lassen sich gern zu eigenen
Überlegungen anregen, nur abwechslungsreich und kurzweilig
muß es zugehen. Sie suchen den Wettstreit und haben Spaß am
Streitgespräch. Sie lassen sich leicht begeistern, nachdenklich
und betroffen stimmen und sind in geradezu rührender Weise
dankbar dafür, wenn sie einmal von Erwachsenen wirklich
intellektuell ernst genommen werden und die Möglichkeit
bekommen, ihren Gedanken bis in feinere Verästelungen hinein
nachzugehen. Sie verabscheuen nichts mehr als Langeweile,
Pedanterie und Lehrhaftigkeit, die sie zur Passivität verurteilen.
Alle diese Eigenschaften und Vorlieben von Kindern machen
das gemeinsame Nachdenken und Diskutieren mit ihnen zu
einem so anregenden geistigen Vergnügen.

Im folgenden berühre ich in unsystematischer Folge eine
Reihe von Themen, die Kinder nach meiner Erfahrung besonders interessant finden.

Erscheinung und Wirklichkeit

Wie wir anhand der literarischen Dokumente gesehen haben, ist
für Kinder in bestimmten Phasen ihrer Entwicklung die
»Wirklichkeit der Wirklichkeit« in höchstem Maße fragwürdig.
Schon für jüngere Kinder hat der Begriff der Existenz eine
zentrale Bedeutung (Gibt es wirklich Zwerge? Existierte
Robinson wirklich?). Etwas später nimmt die Frage nach der
wirklichen Wirklichkeit geradezu etwas Unheimliches an:
Existiere ich wirklich? Ist die Welt nur mein Gedanke?
Existieren die Dinge weiter, auch wenn ich nicht hinsehe? Sind
Gedanken wirklich? Welche Wirklichkeit haben nur in der
Vorstellung existierende Objekte wie Drachen, Donald Duck,
Superman, usw?

Schon die Erfahrung, daß etwas als etwas erscheinen kann, das in »Wirklichkeit« etwas anderes ist, kann den fragenden Geist beunruhigen. Der Stab im Wasser »sieht aus«, als sei er gebogen, in Wirklichkeit ist er gerade. In anderen Fällen erscheinen Dinge verschiedenen Beobachtern verschieden oder demselben Beobachter verschieden unter verschiedenen Umständen. Woher sollen wir dann wissen, wie die Dinge wirklich sind, welche Farben, Gerüche usw. sie haben? Oder haben sie nur für den Wahrnehmenden Realität, unabhängig von ihm aber sind sie nichts?

Wenn unsere Sinne uns kein absolut sicheres Wissen von der Realität schenken, wieweit können wir uns dann auf sie verlassen? Verfügt der Mensch über ein Wissen, dessen er ganz sicher sein kann? Wie unheimlich ist es, daß uns die Dinge nur als Erscheinungen gegeben sind, daß sie als Erscheinungen, wie Kant sagt, nicht an sich existieren, sondern in uns! Leben Menschen in verschiedenen Welten? Wenn die Wahrnehmung der Wirklichkeit uns kein »objektives« Bild von ihr vermittelt, woher können wir dann wissen, ob unsere Mitmenschen die gleichen Dinge so wahrnehmen wie wir?

Zum Thema Wirklichkeit und Erscheinung kann auf vielfältige Weise hingeführt werden. Das einfache Experiment, bei dem sich beim sukzessiven Eintauchen der Hände in hinreichend verschieden warme Flüssigkeiten jeweils eine andere Wärmeempfindung einstellt, ist ebenso aufregend wie Beispiele von Wahrnehmungstäuschungen, denen sich der Wahrnehmende trotz »besseren« Wissens nicht entziehen kann. Kinder haben, wie ich festgestellt habe, immer ein großes Interesse an Wahrnehmungstäuschungen, vielleicht unter anderem auch deshalb, weil sie mit den metaphysischen Urzweifeln, alles Wirkliche könne sich als Schein und Ausgeburt eigener Einbildungen erweisen, in Verbindung gebracht werden.
    Wie sehr das Bild, das wir uns von der Wirklichkeit machen, eine Funktion unserer Wahrnehmung und ihrer Organisation ist, daß wir die Dinge nicht an sich, sondern nur ihre Erscheinungen kennen, kann eine kurze philosophische Ge-

schichte verdeutlichen, die der Kantianer Laßwitz für ältere Kinder geschrieben hat und die den Titel »Seifenblasen« trägt. In dieser Geschichte wird die Welt aus der mikroskopischen Perspektive gesehen, was zu beunruhigenden Verschiebungen der Wirklichkeitserfahrung führt. Nicht minder »augenöffnend« sind Beispiele von Wahrnehmungswelten von Tieren, die naheelegen, daß sich andere Wesen notwendig ein anderes Bild von der Welt machen als wir Menschen. In den Tagen der Katastrophe von Tschernobyl brach sich bei den Kindern unseres philosophischen Gesprächskreises das Bedürfnis nach Reflexion über die Wirklichkeit der radioaktiven Strahlung spontan Bahn.

Träume

Das Nachdenken der Kinder über das geheimnisvolle Wesen des Traums berührt sich eng mit dem über die Wirklichkeit. Ist, was ich jetzt erlebe, ein Traum? »Wie können wir beweisen und wissen, ob wir in diesem Moment schlafen und all unsere Gedanken ein Traum sind oder ob wir wach sind und miteinander reden im Wachzustand«? (Platon, Theaetet). Denn, auch wenn wir träumen, erleben wir unsere Trauminhalte als genauso wirklich wie unsere Bewußtseinsinhalte im Wachzustand. Kinder werden von ihren Traumgesichtern bisweilen wirklich geängstigt und müssen von ihren Eltern darüber aufgeklärt werden, daß es doch nur ein Traum war, der sie so schreckte. In seiner berühmten ersten Meditation hat Descartes die Frage nach der Unterscheidung von Traum und Wachen aufgeworfen und in der sechsten Meditation eine Antwort darauf gegeben. Sie gründet auf der Erfahrung, daß wir in unserem Gedächtnis die Traumerlebnisse untereinander und mit dem Ganzen unseres Lebens nicht so verknüpfen können, wie wir das mit Ereignissen können, die wir im Wachen erleben. Da wir aber immer erst im nachhinein die Verknüpfung vornehmen können, reicht dieses Kriterium nicht aus, um entscheiden zu können, ob wir jetzt träumen oder wachen. Und schließlich könnte das Urteil über die sinnvolle Aufeinanderbezogenheit der Ereignisse ja auch nur geträumt sein! Trotzdem sind Erwachsene selten darüber im Zweifel, ob sie träumen oder wachen! Die kindlichen Zweifel und Sorgen bezüglich des Wirklichkeitsstatus von Träumen können ganz so unberechtigt nicht sein, wenn die klare Unterscheidung von Traum und Wachzustand so schwer zu treffen ist! Worin besteht also die Wirklichkeit von Träumen? Worin liegt ihre Ähnlichkeit und Verschiedenheit im Vergleich mit anderen geistigen Phänomenen?

Das Thema »Träumen« fesselt übrigens Kinder auch im Zusammenhang mit der Frage, ob Träume etwas mit dem déjà-vu-Phänomen zu tun haben, mit dem Eindruck also, man habe genau diesen Augenblick in derselben Weise schon einmal erlebt. Kinder stellen sich auch die Frage, ob Träumen eine Bedeutung zukommt, etwa dergestalt, daß sie uns die Zukunft künden. All dies ist auf vielfältige Weise literarisch behandelt worden. Der argentinische Dichter Borges hat zentrale Texte zum Thema »Traum« zusammengestellt, die sich z. T. auch für ältere Kinder eignen. Den literarischen Texten können wissenschaftliche zur Seite gestellt werden, in denen aus der experimentellen Traumforschung berichtet wird. Anhand der wissenschaftlichen Erkenntnisse läßt sich sehr eindringlich das Problem des psychophysischen Parallelismus, des Zusammenspiels von mentalen und körperlichen Vorgängen illustrieren.

Von den schier unendlich vielen zum Nachdenken anregenden literarischen Texten zum Thema »Das Leben ein Traum« ist vielleicht der tiefsinnigste »Der Schmetterlingstraum« von Tschuang-tse: »Einst träumte mir, Tschuang Tschou, ich sei ein Schmetterling. Ein schwebender Schmetterling, der sich wohl und wunschlos fühlte und nichts wußte von Tschuang Tschou. Plötzlich erwachte ich und merkte, daß ich wieder Tschuang Tschou war. Nun weiß ich nicht, bin ich Tschuang Tschou, dem träumte, ein Schmetterling zu sein, oder bin ich ein Schmetterling, dem träumt, er sei Tschuang Tschou? Und doch ist sicherlich zwischen Tschuang Tschou und dem Schmetterling ein Unterschied, denn gerade diesen nennen wir ja Wandlung der Substanz zu Einzelwesen. Auch Du bist ein Träumender. Daß ich dich einen Träumenden nenne, ist nur ein Traum. Solche Worte nennt man die tiefsten Rätsel«.

Es ist bewegend zu erleben, mit welcher Ernsthaftigkeit sich Zehnjährige, denen von den Entwicklungspsychologen die philosophische Haltung des »naiven Realismus« nachgesagt wird, sich in den Bann dieser Rätsel schlagen lassen.

Ich, Selbst, Identität, Andere

Kinder und Jugendliche werden sich selbst viel eher zum Problem als Erwachsene. Sie fragen sich: Wer und was bin ich? Woran kann ich mich als der, der ich war oder der ich sein werde, wiedererkennen? Ist es mein Körper, der mich zu dem macht, der ich bin, sind es meine Gedanken, Gefühle, Erinnerungen? Welche geistigen Prozesse garantieren in ihrer Flüchtigkeit die Einheit des Ich? Oder gibt es kein Ich, sondern nur eine Folge geistiger Zustände? Wie kann ich sicher sein, daß es andere Wesen außer mir gibt, die denken, fühlen, hoffen wie ich? Kann oder will ich ein anderer werden, als der, der ich jetzt bin und in welchen Hinsichten? Kennen mich andere besser als ich mich selbst kenne? Was ist der Unterschied zwischen einer Person und einer Sache? Wieweit ist der Mensch verantwortlich für seine Gedanken, Gefühle, Handlungen?

Im Lichte dieser und verwandter Fragen, die die Philosophie seit jeher beschäftigt haben, nehmen sich die Zweifel des jungen Menschen an der Sicherheit seiner Ich-Gewißheit weniger bizarr aus, als wenn man sie physiologisch (Pubertät) oder sozialpsychologisch relativiert und ihnen damit ihre Würde und Ernsthaftigkeit abspricht. Die Heranwachsenden, denen solche Fragen existentiell wichtig sind, erfahren mit freudiger Überraschung, daß andere Geister sie schon vor ihnen ernsthaft bedacht haben und ebenso von der Rätselhaftigkeit des Ich durchschauert waren wie sie. Die Gedanken von Locke und Hume, Schopenhauer und dem buddhistischen Gedankenkreis (»Ist die Flamme der ersten Nachtwache dieselbe wie die der zweiten?«) zu diesem Fragenkomplex lassen sich, wie ich meine, älteren Kindern nahebringen. Jüngere Kinder werden der Rätselhaftigkeit des Ich anhand von Märchen, Fabeln und Erzählungen über Verwandlungen, Doppelgänger, den Verkauf der Seele oder des eigenen Schattens inne. Hierher gehört auch die Betrachtung über die Frage, ob das Schiff des Theseus, dessen Planken und andere Teile im Lauf der Jahre nacheinander vollständig ausgewechselt worden waren, immer noch das »Schiff des Theseus« ist oder mittlerweile ein anderes Schiff geworden ist, und ob der Mensch nach je sieben Jahren, in denen fast alle seine Zellen durch neue ausgetauscht sind, immer noch derselbe ist.

Tier und Pflanze

Die intensive Beschäftigung von Kindern aller Altersstufen mit dem Verhalten von Tieren und Pflanzen treibt Fragen hervor, über die tiefer nachzudenken vielen Kindern ein Bedürfnis ist.

Worin besteht der Unterschied zwischen Unbelebtem und Belebtem, zwischen Tier und Pflanze, zwischen Tier und Mensch? Sind Tiere bloße Automaten oder besitzen selbst die einfachsten organisierten Organismen Fähigkeiten, die weit über das hinausgehen, wozu die fortgeschrittensten Computer in der Lage sind? Welche geistig-seelischen Vorgänge können wir aus dem Verhalten von Tieren erschließen? Ist der Unterschied zwischen Tier und Mensch nur ein, wenn auch vielleicht gewaltiger Gradunterschied? Was meinen wir damit wenn wir dem Menschen »Vernunft« und dem Tier »Instinkt« zuschreiben? Können Tiere lügen oder hoffen?

Kinder denken über derartige Fragen sehr viel undogmatischer und mit größerer spekulativer Phantasie nach als die Erwachsenen in unserer Kultur, denen der cartesianische Dualismus zur zweiten Natur geworden ist. Wenn Kinder sich zu diesen und verwandten Fragen äußern, wird offenkundig, wie ihr Denken hin und her gerissen wird von Resten animistischen Denkens, von christlichen Vorstellungen über die Einzigartigkeit der unsterblichen menschlichen Seele und fragmentarischen naturwissenschftlichen Ideen.

Gedanken und Vorstellungen über das Sein der Natur sind von hoher Brisanz, insofern sie das Bild des Menschen von sich selbst und sein Verhältnis zu der ihn umgebenden Natur bestimmen. Umso wichtiger ist, daß man das Denken schon der Kinder offenhält für Denkalternativen und sie vor starren dogmatischen und ideologischen Festlegungen bewahrt, von denen auch die Naturwissenschaften, so wie sie in der Schule gelehrt werden, nicht frei sind.

Computer

Der Computer hat in den letzten Jahren seinen Siegeszug bis ins Kinderzimmer hinein fortgesetzt. Der Umgang mit diesem Gerät ist manchen Kindern selbstverständlicher als vielen Erwachsenen. Die Folgen seines Einflusses auf die geistige und seelische Entwicklung von Kindern und Jugendlichen sind noch nicht abzusehen, geschweige denn zu bewerten. Es mangelt nicht so sehr an leidenschaftlichen Befürwortern und heftigen Kritikern (»Verlust des Denkens«) dieser Entwicklung als an ausgereiften Überlegungen, wie man Kindern und Jugendlichen dabei helfen kann, mit den die bloß wissenschaftlich-technischen Dimensionen der Computerkultur übersteigenden Herausforderungen fertigzuwerden.

Daß Kinder über die technischen Fragen, die der Computer aufwirft, hinausdenken, ist in dem Buch der amerikanischen Psychologin Shelly Turkle mit dem Titel »Die Wunschmaschine« reich belegt. Sie unterscheidet drei Phasen in der Beziehung von Kindern zum Computer, von denen uns die »metaphysische« Phase der jüngeren Kinder bis zum achten und neunten Lebensjahr hier besonders interessiert. In meinen eigenen Gesprächen mit älteren Kindern, bei denen Turkle zufolge die »Beherrschung« des Computers im Mittelpunkt steht, habe ich aber feststellen können, daß auch sie »noch« an den philosophischen Fragen, die uns der Computer stellt, brennend interessiert sind.

Turkle schreibt: »Computer-Spielzeuge...geben den Anstoß zum Theoretisieren, zum Phantasieren, zum Nachdenken über Fragen von metaphysischer Bedeutung, auf die man während der Kindheit Antworten sucht...der Computer ruft Gefühle und Gedanken im Zusammenhang mit Leben, Tod und den Grenzen der Zuverlässigkeit und der Kontrolle wach...Der Computer berührt eine Reihe heikler Fragen. Die Vorstellung der Unendlichkeit ist eine von ihnen. Die Frage, was Leben ausmacht, eine andere«.

Kinder werden durch den Umgang mit dem Computer dazu veranlaßt, über Fragen wie die folgenden nachzudenken: Können Computer denken und fühlen wie wir? Worin unterscheidet sich, wenn überhaupt, menschliches vom maschinellen Denken? Was ist Denken? Was ist Rechnen? Was ist der Unterschied zwischen Berechnung und Beurteilung der Berechnung? Sind auch wir Menschen nur »informationsverarbeitende Systeme«? Kann man Maschinen Gefühle und Bewußtsein zuschreiben? Was ist Bewußtsein?

Daß man Kindern dabei helfen muß, sich über derartige Fragen einigermaßen klarzuwerden, zeigen sicherlich seltene klinische Fälle, die Opfer des »Computer – Syndroms« wurden. Wenn die diesbezüglichen Berichte nicht übertrieben sind, verbringen diese unglücklichen Kinder und Jugendlichen bis zu 12 Stunden am Tag vor dem Gerät und verwechseln, wie man hört, das wirkliche Leben mit den Programmen der Maschinen; sie verstehen sich selbst als Computer, zumindest verwenden sie Maschinen-Metaphern zur Selbstdefinition (»Ich bin so programmiert«). Sie flüchten vor der Komplexität des Lebens in eine künstliche Welt, die aus Daten und Regeln ihrer logischen Verknüpfung besteht. Eine Maschine zu hassen oder sich in sie zu verlieben, was schon heute gelegentlich vorkommen soll, wird noch weit verführerischer sein, wenn mit dem Heraufkommen neuer Computer-Generationen die Unterscheidung einer Maschine von einem menschlichen Wesen noch schwieriger wird.

Daß wir unseren Kinder dabei helfen, sich über den ontologischen Status von sog. Denk-Maschinen klar zu werden, ist nicht zuletzt in moralischer Hinsicht unaufschiebbar. Diese Aufgabe wird nicht leichter dadurch, daß viele Computer-Spezialisten leichtfertig mit diesen Fragen umgehen: »Die Ironie, die darin liegt, daß Naturwissenschaftler, so lange die geschworenen Feinde der anthropomorphistischen Todsünde, heute am freigebigsten mit der Verleihung menschlicher Züge an Maschinen sind, wird nur dadurch gemindert, daß die wahre Absicht dieser Freigebigkeit ist, den Spender, d.h. den Menschen, umso sicherer für das Reich der Maschine in Beschlag zu nehmen« (H.Jonas, Organismus und Freiheit).

Unter den Argumenten, die ins Feld geführt werden können, um die These von der »Maschinennatur« des Menschen zu erschüttern, rangiert die Möglichkeit an erster Stelle, Menschen eine große Vielzahl von sog. intentionalen Zuständen wie Überzeugungen, Zweifel, Staunen, Hoffnung sowie einen freien Willen und Verantwortlichkeit zuzuschreiben. Das Bewußtsein der besonderen Würde, die dem Menschen aus seiner Freiheit erwächst, schließt die Verpflichtung ein, sich Rechenschaft abzulegen für sein Tun und Denken, nach dem Sinn und den Folgen seines Handelns zu fragen, bewußt zu leben. Je wirkungsvoller der Einsatz von Maschinen wie Computern, umso gefährlicher ist ein einseitig auf die Realisierung technisch möglicher Zwecke ausgerichtetes Denken und Handeln. Die Einübung von Nachdenklichkeit, die nach dem Zweck der Zwecke, nach der Wünschbarkeit und dem Sinn des Machbaren fragt, ist deshalb eine wichtige Aufgabe des Philosophierens mit Kindern und bewahrt diese möglicherweise davor, ihr Selbst als Maschine zu deuten und der Versuchung zu erliegen, bewußtlos wie eine Maschine Maschinen zu bedienen.

Theodor Roszak, einer der entschiedensten Warner vor den heimtückischen Folgen des Einzugs »fortschrittlicher pädagogischer Maschinerie in unsere Schulen« bemerkt dazu: »Eine Aufassung vom Geist – selbst wenn sie nur eine Karikatur ist – mündet leicht in eine Vorschrift über Charakter und Wert ein. Wenn wir irgend jemand die Macht zugestehen, uns zu lehren, wie wir denken sollen, dann räumen wir ihm vielleicht auch die Chance ein, uns zu lehren, was wir denken sollen, wo wir anfangen sollen zu denken und wo wir damit aufhören sollen…Unter diesen Umständen ist es vielleicht der beste Ansatz zur Computerkompetenz, die Begrenzungen und Miß-bräuche der Maschine zu betonen und den Schülern und Studenten zu zeigen, wie wenig sie ihn brauchen, um ihre Begabung zum selbständigen Denken zu fördern«. In diesem Zusammenhang erinnert er uns daran, daß es der Computer nur mit Daten zu tun hat, wir Menschen aber darüberhinaus mit Ideen, durch die »Daten« überhaupt erst zu »Daten« werden. Nicht die Erlernung der Regeln des mechanischen Denkens, sondern der phantasievolle Umgang mit Ideen befähigt den Menschen, neue Gedanken zu denken und vorhandene zu kritisieren, vernünftig zu wählen und zu entscheiden. Das Denken kann sich nur aus der Versklavung an den Computer befreien, indem es – philosophisch – anhand umfassenderer Ideen über ihn hinausdenkt, seine Leistungen relativiert und damit seine menschliche Würde bewahrt.

Sprache

Über das Spiel, in dem Dingen andere Bezeichnungen als die gewohnten gegeben werden, oder im Verlauf der Erfindung von Geheimsprachen beginnen Kinder, über das Wesen der Sprache nachzudenken. Gehören die Wörter den Dingen notwendig und von Natur aus zu? Welches ist der Zusammenhang von Wort und Ding? Was ist ein Wort – ein inneres »Bild«, ein »Bild von einem Bild« oder was sonst? Was ist ein Zeichen? Was ist eine Regel? Was ist die Bedeutung eines Worts? Können wir uns, ohne Wörter zu verwenden, verständigen? Was heißt »einen anderen verstehen«? Können wir ohne Sprache denken, fühlen, hoffen? Worin bestehen die Unterschiede zwischen der menschlichen Sprache und Tier»sprachen«? Wie könnte man sich den Ursprung der Sprache vorstellen?

Ist über das Staunen über das Wunder der Sprache erst einmal das Interesse geweckt, ihren tieferen Geheimnissen auf den Grund zu gehen, sind die Kinder offen für die Aufnahme vielfältiger Informationen aus den einschlägigen Geistes-, Sozial- und Naturwissenschaften, die nur darauf warten, »kindgerecht« aufgearbeitet zu werden. Die Vermittlung eines elementaren Verständnisses des »Wesens« von Zeichen und Symbolen, Bildern und Modellen und ihrer regelhaften Beziehungen zum jeweils Bezeichneten bzw. Dargestellten könnte einen Ansatzpunkt für die Überwindung der Zersplitterung des Schulwissens bieten, indem gezeigt würde, wie jedes Fach interessante Aspekte dazu beizusteuern hat.

Wenn man mit Kindern über diese Fragen spricht, sollte man auf keinen Fall versäumen, mit ihnen die Episode aus Jonathan Swifts »Gullivers Reisen« zu lesen, in der die Gelehrten der Großen Akademie von Lagado, um die zum Artikulieren der Wörter notwendige Energie zu sparen, auf die Verwendung von Wörtern ganz verzichten und stattdessen die Gegenstände, über die sich unterhalten wollen, mit sich herumtragen und einander vorzeigen. Durch das handelnde Ausspielen dieser Idee in Form des Rollenspiels gewinnen die Kinder hautnahe Einsichten in Wesen, Funktion und Leistung der menschlichen Sprache. Wenn sie z. B. auf diese Weise den einfachen Sachverhalt »der Apfel ist rot« ausdrücken wollen, stellen sie bald zu ihrer großen Überraschung fest, daß das Vorzeigen eines Apfels und selbst die Zuhilfenahme der Gestik den Sinn dieses Satzes nicht auszudrücken vermögen.

Glück und das richtige Leben

Epikur und Montaigne, einige unserer Kronzeugen für das Philosophieren mit Kindern, plädieren dafür, wie wir gesehen haben, Kindern das Glück nicht vorzuenthalten, das die Beschäftigung mit der Philosophie und die Befolgung ihrer Lehren spendet. Die vielen Glücksverheißungen der Werbung etwa und die tatsächliche Glücksverfehlung vieler vor Augen, lassen sich Kinder von der Frage anrühren, wie man sein Leben führen soll, um wahrhaft glücklich und zufrieden zu werden.

Gewöhnlich habe ich die philosophischen Gesprächsrunden mit Kindern mit der Erzählung von Anekdoten aus dem Leben griechischer Philosophen begonnen. Besonders die Geschichten um Sokrates und Diogenes hatten es den Kindern angetan! Welcher Witz, was für eine geistige Kraft und moralische Haltung, die diese Männer verkörpern, welche innere und äußere Unabhängigkeit!

Besonders nahe geht Kindern die Frage, inwieweit materieller Besitz schlechthin Glück verbürgt. Es kommen ihnen Fragen wie die folgenden: Wie überzeugend ist das Ideal vom bedürfnislosen Weisen? Was ist zum Leben notwendig, was ist überflüssig? Können wir in unseren Breiten so bedürfnislos leben wie Diogenes in seiner Tonne? Macht nicht auch Armut unfrei? Wie können wir lernen, genügsamer zu werden, um dadurch freier zu werden? Wie verhält es sich mit geistigem Besitz und seelischen Gütern?

Wir stopfen unsere Kinder mit viel belanglosem Wissen voll; die Kunst zu leben, lernen sie von uns nicht. In traditionellen Kulturen werden die Heranwachsenden mit der überlieferten Lebensweisheit von klein auf vertraut gemacht. Vielleicht bleiben wir in unserer Kultur unseren Kindern in dieser Hinsicht zuviel schuldig.

Zeit

»Wenn ich mich frage«, sagte Einstein zu Franck, »woher es kommt, daß gerade ich die Relativitätstheorie gefunden habe, so scheint es an folgendem Umstand zu liegen: Der normale Erwachsene denkt nicht über die Raum-Zeit-Probleme nach. Alles, was darüber nachzudenken ist, hat er nach seiner Meinung bereits in der frühen Kindheit getan. Ich dagegen habe mich derart langsam entwickelt, daß ich erst anfing, mich über Raum und Zeit zu wundern, als ich bereits erwachsen war«.

Ob das, was Kinder an dem Phänomen Zeit interessiert, sich deckt mit dem Interesse der Entwicklungspsychologen daran, wie und in welchen Etappen sich der physikalische Zeitbegriff in der individuellen Entwicklung entfaltet, ist fraglich. Schon gar nicht darf man das Wissen, das Kinder über die Zeitmessung besitzen, als ein Gradmesser ihres Verständnisses fundamentaler Aspekte des Zeitbegriffs oder gar ihrer metaphysischen Betroffenheit über das Phänomen Zeit ansehen. Mir scheint, daß Kinder für einige »bewußtseinserweiternde« gedankliche Vergegenwärtigungen in diesem Zusammenhang ein besonderes Interesse zeigen:

Ist die Welt von Ewigkeit her oder hat sie einen Anfang gehabt? Was war vor diesem Anfang? Wie lang ist die Gegenwart, eingeklemmt zwischen der Ewigkeit des Vergangenen und der Ewigkeit des Zukünftigen? Wie kann ich das, was nicht mehr oder noch nicht ist, also »unwirklich« ist, fassen? Gibt es die »Zeit an sich«, unabhängig von irgendwelchen Bewegungen? Manchmal kommt es uns so vor, als »verginge« die Zeit »im Flug«, dann scheint sie dahinzukriechen – wieso? Ist die Zeit wirklich oder ist sie nur in unserer Erinnerung und Erwartung des Kommenden, mit anderen Worten ist sie nur in unseren Gedanken? Existiert »nur jeder Augenblick, den wir erleben, dagegen nicht ihr imaginärer Zusammenhang?« (Borges). Was hat es mit Zeitmaschinen auf sich? Warum ist Zeit das kostbarste Gut, das wir besitzen?

»Was soll ich tun?«

»Was soll ich tun?« Diese von Kant so formulierte Frage wird umso dringlicher, je größer die Spielräume des Verhaltens und die Tragweite eigener Entscheidungen sind. Je selbständiger der Heranwachsende wird, umso häufiger wird er vor Situationen gestellt, in der er wählen, sich entscheiden, einen Standpunkt gewinnen und sich zu etwas bekennen muß. Und er wird in einer Gesellschaft, die sehr viele Optionen bereithält und nur ein Minimum an Orientierungshilfen bietet, schon ziemlich früh vor Entscheidungen gestellt: Soll ich die Verkäuferin darauf aufmerksam machen, wenn sie sich zu ihren Ungunsten verrechnet hat? Soll ich durch eine Lüge meinem Freund aus einer Klemme helfen? Soll ich dafür, daß ich für etwas Unpopuläres eintrete, persönliche Nachteile in Kauf nehmen? Soll ich die Beziehung zu meinem Freund/meiner Freundin beenden, obwohl ich weiß, daß er/sie darüber sehr unglücklich sein wird? Soll ich Fleisch essen, wo ich doch so an Tieren hänge? Soll ich einen Teil meines Taschengeldes für »Brot für die Welt« spenden? Soll ich Opfer zugunsten des Umweltschutzes bringen? Soll ich mich immer nach der neuesten Mode kleiden? Soll ich einen Beruf ergreifen, in dem ich viel Geld verdiene, oder einen, der mich befriedigt?

Kinder und Jugendliche haben ein Anrecht darauf, daß Erwachsene ihre Entscheidungsnöte ernst nehmen und ihnen dabei, so gut sie können, helfen. Eltern kommt eine umso wichtigere Rolle in der moralischen Erziehung zu, je weniger wirksam die traditionellen Instanzen der moralischen Erziehung, Religion und Schule, geworden sind.

In Entscheidungssituationen wie den oben angedeuteten sehen wir uns vor Handlungsalternativen gestellt, unter denen zu wählen umso leichter ist, je mehr für eine Alternative und gegen eine andere spricht. Wenn die Anziehungskraft der Alternativen etwa gleichstark ist, sprechen wir von einem Entscheidungsdilemma, bei moralischen Entscheidungen von moralischen Dilemmata. Eine Entscheidung, die dadurch herbeigeführt wird, daß man den Zufall in Form eines Würfels zu Hilfe nimmt, wird im allgemeinen als unbefriedigend und unvereinbar mit der Würde des Menschen als eines rationalen Wesens angesehen. Wir haben erst dann das Gefühl, auf der Höhe der Situation gehandelt zu haben, wenn wir das zur Entscheidung anstehende Problem nach allen Seiten hin gründlich durchdacht haben und unsere abschließende Entscheidung, so gut es geht, begründen können.

Entscheidungskonflikte bieten eine ausgezeichnete Gelegenheit, mit Kindern rationale Diskussionen zu führen. In der rationalen Diskussion mit dem Zweck der kritischen Analyse eines Problems sind Kinder prinzipiell gleichberechtigte Diskutanten. Nicht die Autorität der Erwachsenen entscheidet , sondern die besseren Argumente, egal von welcher Seite sie vorgebracht werden. Dabei können Kinder neben vielem anderen lernen, was es heißt, sachlich zu diskutieren, sich um gute Argumente und argumentative Stimmigkeit zu bemühen und Wesentliches von Unwesentlichem oder nicht zur Sache Gehörigem zu unterscheiden. Argumente für eine Handlungsweise werden mit Gegenargumenten verglichen, wobei der Vergleich das Betreten einer jeweils höheren, allgemeineren Argumentationsebene bedingt. Im Fortgang der Klärung und Prüfung möglicher Standpunkte bei der Beurteilung von Alternativen gelangt die Erörterung zu allgemeinen Prinzipien, deren Stärken und Schwächen es dann zu prüfen gilt. Dadurch wird nicht nur die Fähigkeit zum abstrakten und schlußfolgernden Denken gefördert, sondern es werden den Kindern auch mögliche allgemeine Wertorientierungen bewußt. Mit der Erweiterung des Horizonts möglicher und begründbarer Handlungsalternativen wächst das Gefühl der Verantwortung für das eigene Handeln.

Ich habe in meinen Philosophiekursen die Erfahrung gemacht, daß es Kindern ein Bedürfnis ist, Probleme des alltäglichen Lebens zu erörtern; dabei stoßen sie wie ganz von selbst auf philosophische Probleme und mögliche Lösungen, die denen, die im Laufe der Geschichte der Philosophie gefunden wurden, nicht unähnlich sehen. Clyde Evans, der dieselbe Erfahrung gemacht hat, beschreibt eine Diskussion mit Kindern, in der es anhand eines moralischen Konflikts um die Entscheidung »Lügen oder nicht lügen« in einer bestimmten Situation ging:

»Einige Kinder versuchten, auf der Basis eines grundlegenden Prinzips zu entscheiden, daß Lügen immer, überall und für jeden falsch ist. Einige Philosophen haben ebenso versucht, ihre Urteile auf fundamentale Prinzipien zu gründen. Wir denken dabei sofort an den kategorischen Imperativ Kants. Einige Schüler trafen ihre Entscheidung auf der Grundlage ihres Gefühls über Recht und Unrecht... Einige Philosophen wie Hume haben behauptet, dies sei eine vollkommen akzeptable Position, denn letzten Endes sind unsere Gefühle der Billigung oder Mißbilligung für bestimmte Handlungen das einzige, woran wir uns halten können... Andere Schüler entscheiden offenbar simpler auf der Grundlage, was sie persönlich davon hätten... (Man vergleiche einige Versionen des Egoismus wie diejenige in Platons Staat). Schließlich entscheiden einige Schüler auf der Grundlage der Überlegung, wie ihre Entscheidung sich positiv oder negativ auf andere auswirkt. Viele Philosophen wie Bentham und Mill haben genau diese Art von Utilitarismus vertreten«.

Erwachsene, die mit Kindern moralische Probleme erörtern, sollten wissen, daß die Entwicklungspsychologie auch auf diesem Gebiet alterstypische Verständnisniveaus unterscheidet. Die wohl wichtigsten Arbeiten hierzu hat der amerikanische Entwicklungspsychologe Lawrence Kohlberg vorgelegt, die auf den theoretischen und empirischen Vorarbeiten Piagets aufbauen. Kohlberg hat die Entwicklung des moralischen Denkens anhand der Reaktionen seiner Probanden auf Geschichten, die einen moralischen Konflikt thematisieren, über Themen wie »Gesetz«, »Gewissen«, »Autorität«, »Wert des Lebens«, »Wahrhaftigkeit« usf. untersucht. Eine seiner berühmtesten Geschichten, die er sowohl Kindern als auch Erwachsenen vorlegte, ist die Geschichte von Heinz und seinem Dilemma:

»In Europa war eine Frau dem Tode nahe. Sie litt an einer

sehr schweren Krankheit, an Krebs. Es gab eine Arznei, die sie nach Ansicht der Ärzte retten konnte. Es war eine bestimmte radioaktive Substanz, die der Apotheker in derselben Stadt kürzlich entdeckt hatte. Das Mittel war zwar teuer in der Herstellung, aber der Apotheker verlangte zehnmal soviel, wie es ihn selbst gekostet hatte. Er hatte 200 Dollar bezahlt, verlangte aber 2000 Dollar für eine geringe Dosis des Mittels. Der Ehemann der erkrankten Frau, Heinz, wandte sich an alle seine Bekannten, um das Geld zu borgen, brachte aber nur ungefähr 1000 Dollar zusammen, was etwa die Hälfte der Kosten für das Mittel ausmachte. Er sagte dem Apotheker, daß seine Frau im Sterben läge, und bat ihn, es ihm billiger zu verkaufen oder ihm die Summe zu stunden. Aber der Apotheker antwortete nur: »Nein, ich habe das Mittel entdeckt und ich werde damit Geld machen«. In seiner Verzweiflung brach Heinz beim Apotheker ein, um sich das Mittel für seine Frau zu beschaffen«.

Obwohl diese Art von Geschichten kaum etwas mit der Erfahrungs – und Lebenswelt der Kinder zu tun haben und ihr Einsatz deswegen kritisierbar ist, lassen sich durch sie doch eindeutige moralische Stellungnahmen und Begründungen hervorrufen. Kohlberg gelangt auf diese Weise zu drei Hauptstufen mit jeweils zwei Unterstufen der Entwicklung des moralischen Verständnisses, die er als »präkonventionell«, »konventionell« und »postkonventionell« bezeichnet. Auf der präkonventionellen Ebene vertritt das Kind die individualistische Ansicht, Gesetze sollten befolgt werden, um Bestrafung zu vermeiden oder um Bedürfnisse zu befriedigen. Auf der Stufe des konventionellen Verständnisses wird die moralische Ordnung schlechthin gutgeheißen. Auf der postkonventionellen Stufe wird das Bemühen vorherrschend, gültige moralische Werte und Prinzipien unabhänbgig von gesellschaftlichen oder religiösen Normen zu definieren und zur Grundlage von moralischen Entscheidungen zu machen.

Ist Moralität lehrbar? Die Antwort aus der Sicht der Entwicklungspsychologie kann nur lauten: Nicht direkt. Wohl aber hat die moralische Erziehung eine mittelbare

Funktion als geistige Bereicherung, aber auch als Unterstützung des moralischen Bewußtseins. So sehr auch Modellvorstellungen zur moralischen Entwicklung wie die Piagets und Kohlbergs die Annahme nahelegen, die Entwicklung vollzöge sich, wenn keine Störungen vorliegen, als Ergebnis von Reifungsprozessen von ganz allein, muß betont werden, daß Kinder zu einer möglichst optimalen Bewältigung der einzelnen Phasen Anregung, Unterstützung und Förderung benötigen.

»Moralität beginnt im Elternhaus« ist dazu Lickonas These, der als Ergebnis langjähriger beruflicher und privater Erfahrungen sowie einschlägiger Forschungen Eltern folgende neun »Große Ideen« anzubieten hat:

»1. Moralität ist Respekt (sc. vor den Rechten, der Würde und dem Wert aller Personen).

2. Eine Moralität des Respekts entwickelt sich langsam, in Stufen.

3. Respekt ist wechselseitig.

4. Geben Sie ein gutes Beispiel!

5. Helfen Sie Kindern, selbständig zu denken!

6. Sagen Sie Kindern, was Recht und Unrecht ist!

7. Helfen Sie Kindern, wirkliche Verantwortung zu übernehmen!

8. Balancieren Sie Selbständigkeit und Kontrolle aus!

9. Lieben Sie Kinder!«

Die Rolle der Eltern in der moralischen Entwicklung läßt sich als die des Partners, Lehrers und Vorbilds beschreiben. Wenn Eltern in ihrem Kind den aktiven Denker sehen, der sich mit der Gewinnung einer moralischen Weltsicht abmüht, werden sie die vom Kind erreichte Stufe der moralischen Reflexion als eine schätzenswerte Leistung anerkennen und die jeweilige Stufe zum Ausgangspunkt ihres Versuchs machen, das Kind im Gespräch langsam auf die nächsthöhere Stufe zu heben. Und da selbst junge Kinder einen zumindest rudimentären Begriff von Fairness und Billigkeit haben, können Eltern daran anknüpfen und mit dem Kind zusammen rationale Konfliktlösungen erarbeiten. Es hat sich gezeigt, daß Eltern, die ihre Kinder oft auf das moralische Problem in einer Situation aufmerksam machen und überhaupt zum Ausdruck bringen, daß sie moralische Fragen nicht kalt lassen, moralisch bewußtere und fortgeschrittenere Kinder haben als Eltern, die dies unterlassen.

Wenn Eltern Kindern dabei helfen, moralische Konflikte gründlich zu durchdenken und ihnen dabei verständnisvolle Gesprächspartner sind, die sich genauso ernsthaft wie ihre Kinder mit moralischen Fragen abplagen, werden sie mehr Einfluß auf ihre Kinder nehmen können, als wenn sie »moralisieren« und von höherer Warte vermeintliche moralische Wahrheiten verkünden.

In den USA werden Unterrichtsprogramme eingesetzt, um Kinder schon früh mit konkreten moralphilosophischen Problemen vertraut zu machen. Es ist schließlich ein Unterschied, ob ein Kind weiß, daß in bestimmten Situationen erwartet wird, daß es sich so oder so verhält, oder ob es die philosophischen Aspekte der Moralität zu ahnen beginnt. Kurzfristige Kurse über »richtiges« Verhalten in bestimmten Situationen führen, so die bisherige Forschung dazu, weder zu einer langfristigen Änderung des Verhaltens noch zu einer Vertiefung des Verständnisses für das moralische Problem. In längerfristig angelegten Philosophiekursen, in denen Kinder unter Anleitung gemeinsam über moralische Probleme nachdachten, können die Kinder hingegen u.a. Toleranz gegenüber anderen Meinungen lernen, sich darin üben, eigene Ansichten zu vertreten, und begreifen, daß die Lösung moralischer Probleme genauso wichtig ist wie Mathematik oder ein anderes Fach. Auch bei der Erörterung moralischer Probleme kann man lernen, unterschiedliche Standpunkte zu berücksichtigen, Probleme effektiv zu analysieren, vielschichtig zu denken und zu argumentieren. Andererseits kommen die in anderen Kontexten erworbenen geistigen Fähigkeiten der moralischen Reflexion zugute.

Es wird oft übersehen, daß die moralische Erziehung einen nicht unerheblichen Beitrag zur seelischen Gesundheit leisten kann. Die Bewußtmachung und Bindung des Heranwachsenden an überpersönliche Werte und Normen verleiht nicht nur Halt und gibt Orientierung in Entscheidungssituationen. Die bewußte und frei gewollte Wertverwirklichung im eigenen Tun verleiht der handelnden Person vor ihr selbst einen Wert; indem sie das Rechte tut, kann sie sich mit sich selbst identifizieren und sich selbst bejahen. Deshalb ist moralische Erziehung immer auch Anleitung zum Glücklichsein: »Es bewährt sich,... daß das moralisch Schönste und Edelste auch das am meisten Glück Bringende ist«. (Wilhelm von Humboldt, 1834) Wenn wir aber unter dem Eindruck reduktionistischer psychologischer Theorien das »moralische Gefühl in uns« nur als Rest einer frühkindlichen Verinnerlichung von übermächtigen Vaterfiguren oder als Ausdruck der Angst vor Strafe begreifen, können wir auch die Welt des Moralischen nur unter dem Vorzeichen von Unterdrückung und Begrenzung, anstatt unter dem der Befreiung und Erweiterung unseres Selbst sehen. Der Zusammenhang von Tugenden (Tauglichkeit) und wahrem Glück ist der antiken Philosophie niemals zweifelhaft gewesen, und wir tun in der Erziehung gut daran, uns auf diese Tradition wieder zu besinnen.

Die Übung des Verstandes

Wir wollen, daß unsere Kinder klar, bewußt, selbständig und kritisch denken und vernünftig zu handeln lernen. Dazu müssen sie geistige Operationen wie definieren, erklären, begründen, klassifizieren, Hypothesen aufstellen, schlußfolgern, Implikationen erkennen, bewerten usw. beherrschen. Denkfähigkeiten sind zusammen mit der Verinnerlichung des Rationalitätsgebots konstitutiv für die autonome Persönlichkeit: »Doch ist schon die bloße Übung des Verstandes ein Hauptmoment bei dem Jugendunterricht, und in dem Denken selbst liegt in den meisten Fällen mehr als an dem Gedanken« (Schiller, 1795). Daß unsere Schulen weit hinter der Forderung Schillers zurückbleiben und der Denkerziehung weit weniger

Aufmerksamkeit widmen als der Wissensvermittlung, so unerläßlich diese auch sein mag, ist ein oft beklagter Übelstand.

Es gibt viele Möglichkeiten, die Denkfähigkeiten der Kinder zu fördern. Meines Erachtens ist eine der wirksamsten und grundlegendsten das Vorlesen und Lesen von Texten. Denn es läßt sich keine scharfe Trennungslinie zwischen dem verständnisvollen Lesen und dem Denken ziehen, weil der Text nicht alles sagt, was zu seinem Verständnis wichtig ist, sondern aus dem, was das Mitgeteilte an Implikationen enthält, erschlossen werden muß. Und was ist nach einer berühmten Definition Bruners Denken anderes, als über die gegebene Information hinauszugehen und die im Material »verborgene« Information zu erschließen. Das Vorlesen und Selberlesen kann in seiner Bedeutung für die sprachliche Entwicklung, die Erweiterung des Weltwissens, die Anregung der Phantasie und die Förderung des kontextfreien Denkens nicht überschätzt werden. Für das Vorlesen sollte man Texte wählen, die sprachlich, gedanklich und inhaltlich an die Grenzen dessen gehen, was das Kind gerade noch zu erfassen vermag und die ihm reichlich Stoff zum eigenen Nachdenken bieten. Herkömmliche Kinderbücher sind oft zu einfach und trivial. Gerade das, was der kindliche Zuhörer nicht auf Anhieb versteht, bleibt oft als »Stachel« für das weitere Nachdenken zurück. Und damit bei den Eltern die Lust am Vorlesen wach bleibt, sollten sie nur solche Texte auswählen, die sie auch selbst gerne lesen möchten.

Läßt sich die Fähigkeit, klar und folgerichtig zu denken, zu reden und zu schreiben in Logikkursen vermitteln? Solange man die Logik noch als die Lehre von den Gesetzen des Denkens verstand, was bis in das ausgehende 19. Jahrhundert der Fall war, mußte diese Frage positiv entschieden werden. Heute, wo sich die Logik zu einer mathematischen Disziplin gewandelt hat und wo der Glaube an die sozusagen automatische Übertragung von Fertigkeiten von einem Gebiet auf ein anderes erschüttert ist, können wir nicht mehr so sicher sein, daß Kurse in Logik per se dazu beitragen, daß Schüler »strenger« denken lernen. Das Studium der Logik lehrt nicht denken. Allenfalls stellt die Logik das Instrument dar, mit dessen Hilfe formale Denkfehler aufgespürt oder die Unanfechtbarkeit einer Argumentation oder eines Beweisganges dargetan werden kann.

Wenn wir heute mit Kindern Logik treiben, dann nicht, um eine zu recht abgebrochene Schultradition wiederzubeleben oder weil wir glauben, die Beherrschung der Regeln der Logik verbürge Rationalität im Denken und Handeln. Wir betreiben elementare Logik spielerisch, mehr wie die Beschäftigung mit Denksport – und Rätselaufgaben, an denen Kinder so großes Gefallen finden. Dabei machen sie die Erfahrung, daß es richtiges und falsches Denken gibt und daß das zu entscheiden, nicht eine Frage der Beliebigkeit ist, sondern anhand von notwendig geltenden Regeln entschieden werden muß.

Will man den Kinder helfen, »exakt« zu denken, muß man als Vorbedingung zuallererst dafür Sorge tragen, daß sie die Gewohnheit ausbilden, sich bei dem Verstehen sprachlicher Äußerungen auf das zu konzentrieren und zu beschränken, was wirklich gesagt wurde, ohne Informationen zu verwenden, die nicht aus der zu verstehenden sprachlichen Äußerung entnommen werden können, m. a. W. nicht zu raten und sich auf vordergründige Plausibilität zu verlassen.

Zur Ausbildung des Begriffsvermögens kann man Kindern Sortierungs- und Gruppierungsaufgaben stellen, wobei verschiedene Gegenstände nach wechselnden Merkmalen zusammengefaßt und den so gebildeten Gruppen Bezeichnungen gegeben werden. Dann machen die Kinder die Erfahrung, daß man Klassen wieder in höhere Klassen zusammenfassen kann, wie man in dem Spiel der russischen Puppen kleinere Puppen in größeren aufheben kann.

Eine das Begriffsvermögen, die Grundlage abstrakten Denkens, in spielerischer Weise entwickelnde Aktivität löst das bekannte Fragespiel aus, in dem ein Spieler sich einen Begriff denkt, den sein Mitspieler mittels möglichst weniger Fragen zu finden sucht, auf die nur mit ja oder nein geantwortet werden darf. Z.B. »Ist das, woran Du denkst, lebendig?« Wenn ja: »Ist es eine Pflanze?«, Wenn nein: »Lebt das Tier auf dem Land?«

Wenn ja: »Ist es ein Säugetier?« usf. Es ist kaum abzuschätzen, welche Einsichten in diesem einfachen, unterhaltsamen Spiel in das Wesen von Begriffen, an Fertigkeiten im Umgang mit ihnen und an Denkstrategien erworben werden können, ganz zu schweigen von dem dadurch zu erzielenden Sprach- und Kenntniszuwachs.

Der nächste Schritt besteht in der Veranschaulichung der Beziehungen zwischen den Begriffen in Form von größeren oder kleineren Kreisen, die den Begriffsumfang repräsentieren, sog. Euler-Kreisen bzw. Venndiagrammen, oder in der Aufstellung von »Begriffsstammbäumen«. Unseren zehnjährigen Gesprächspartnern war es nach einer kurzen Trainingsphase ein Leichtes, verschiedene Wirklichkeitsbereiche in derartige begriffliche Ordnungsysteme zu überführen. Auf diese Weise wurden das Reich des Lebendigen, Verkehrsmittel, Musikinstrumente, Lebensmittel, Wettererscheinungen, Einrichtungsgenstände, Wissensgebiete u.a. begrifflich strukturiert. Beim Vergleichen verschiedener Aufgabenlösungen lassen sich weitreichende wissenschaftspropädeutische Erfahrungen mit der ordnungsstiftenden Kraft des Denkens machen. Ebenso tut sich den Kindern auf, daß Wirklichkeitsbereiche auf verschiedene Weise je nach dem vorherrschenden Erkenntnisinteresse strukturiert und begrifflich gefaßt werden können, indem jeweils andere »Schnitte« durch eine Merkmalsvielfalt gelegt werden.

Die äußerliche Ähnlichkeit der Begriffshierarchien mit genealogischen Stammbäumen bzw. Hierarchien von Machtträgern oder der Rangfolge von politischen Entscheidungsinstanzen u. ä. kann anfänglich zu Mißverständnissen Anlaß geben. Sie sind fruchtbar, weil sie die Andersartigkeit derartiger Beziehungen wie »Ist mächtiger als...«, »Ist Großvater von...« »Wohnt in...« im Vergleich zur Klasseninklusion klären helfen.

Mit Hilfe der von den Kindern selbst erstellten Begriffshierarchien ist es ein Leichtes, daraus logische Definitionen abzulesen und Schlußfolgerungen zu ziehen. Z. B. ist der nächst höhere Gattungsbegriff von Fahrrad »Landverkehrsmittel«

(Genus proximum). Fahrräder unterscheiden sich von anderen Landverkehrsmitteln dadurch, daß sie in der Regel zwei Räder aufweisen wie die Motorräder, aber durch Muskelkraft angetrieben werden (differentia specifica). Also kann eine mögliche Definition von Fahrrad lauten: Muskelgetriebenes Landverkehrsmittel mit gewöhnlich zwei Rädern. Und die Konklusion aus den beiden Prämissen »Alle Fahrräder werden mit Muskelkraft angetrieben«, »Alle Fahrräder sind Landverkehrsmittel« braucht man nur aus der Begriffshierarchie »abzulesen«, in der »Landverkehrsmittel« den Oberbegriff und »mit Muskel- bzw. Motor- bzw. Naturkraft angetriebene« die sich untereinander ausschließenden Unterbegriffe darstellen. Daraus folgt: einige Landverkehrsmittel werden mit Muskelkraft angetrieben.

Meine Mitarbeiter und ich haben die Erfahrung gemacht, daß zehnjährige und ältere Kinder mit Hingabe und allem Scharfsinn, der dazu benötigt wird, Begriffshierarchien aufstellen und in kürzester Zeit alle logischen Schlußfiguren spielend beherrschen lernen. Schon 1930 berichtete der bereits erwähnte Psychologe Ehrisman, daß seine Kinder bereits ab dem Alter von vier Jahren das »Schlüsseziehen als eine anregende, interessante Beschäftigung empfanden« und dabei erstaunliche Leistungen zuwege brachten.

Von Kindern werden auch sehr gerne Aufgaben gelöst, die ein Denken in Analogien erfordern, wie z. B. »Gras verhält sich zu grün wie Milch zu weiß oder »Hand verhält sich zu Schulter wie Fuß zu Hüfte«. Die herkömmlichen Intelligenztests bieten eine reiche Auswahl.

Der Tod

In dem entwicklungspsychologischen Kapitel hatten wir vermerkt, daß Kinder im allgemeinen ab ungefähr dem fünften Lebensjahr die Gewißheit haben, daß alle Menschen, alle Tiere und Pflanzen einmal sterben müssen und daß folglich auch der Tod geliebter Wesen und ihr eigener unausweichlich ist.

Obwohl Kinder rational über diese Einsicht verfügen, indem sie das allgemeingültige Naturgesetz, daß alle Lebewesen sterben müssen, auf den Einzelfall anwenden, halten sie oft auf einer irrationalen Ebene – wie manche Erwachsenen übrigens auch – insgeheim an dem Glauben fest, daß der Tod wohl die anderen, nicht aber sie selbst treffen kann; sie können sich ihre Nichtexistenz und eine Welt, in der sie selbst nicht mehr anwesend sind, nicht vorstellen.

Eltern, die sich an die Berliner Beratungsstelle für besonders begabte Kinder wandten, berichteten in der Mehrzahl der Fälle spontan davon, daß sich ihr Kind intensiv mit dem Tod und dem Sterben beschäftigte. In der Regel fanden sie es besorgniserregend, zumindest ungewöhnlich, wenn sich ihre Kinder schon im Vorschulalter etwa mit der Frage beschäftigten, »warum manche Menschen früh sterben müssen und andere so alt werden« oder »ob es nach dem Tod weitergeht«, und von Skeletten fasziniert waren. Von noch jüngeren Kindern wird berichtet, daß sie bisweilen nicht einschlafen wollen aus Angst, ins Nichts zu fallen und nicht wieder aufzuwachen. Einigen Eltern fiel auch auf, daß ihre gewöhnlich fröhlichen Kinder zu Zeiten »ohne ersichtlichen Grund« von einer tiefen Traurigkeit, von »Weltschmerz«, erfüllt waren. Zu der Unsicherheit der Eltern, wie sie mit den Fragen zu Tod und Sterben umgehen sollen, kommt die in der Regel völlig grundlose Sorge, in dem starken Interesse für diese Dinge manifestiere sich eine Suizidgefährdung. Was vielen Erwachsenen »unnatürlich« erscheint, daß Kinder vor dem Geheimnis des Todes erschauern und darüber nachdenklich werden, ist so »natürlich« wie irgend etwas und braucht schon gar nicht »therapiert« zu werden.

Da das Kind sich so tief mit der es umgebenden Natur eins fühlt, löst das Wissen um die universale Vergänglichkeit zuweilen grenzenlose Traurigkeit aus, die sich die Erwachsenen nicht erklären können; der Dichter Felix Dahn schreibt darüber in seinen Kindheitserinnerungen: »Jedoch das Seltsamste war eine tiefe Schwermut, eine wehmutvolle Trauer, welche mich, ohne daß Furcht vor irgendeiner Gefahr oder ein Krankheitsfall im Spiel sein konnte, schon als zarten Knaben in meinem

Garten um die Abendzeit beschlich... Am Abend des schönsten Sommertages kam das über mich. Wenn ich mich müde gespielt, dann überschlich mich ein überwältigender Drang, atemlos zu lauschen der nun einziehenden Abendstille... Nun schweigt auch sie (sc. die Amsel): und es ist nicht zu sagen, wie erbangend, wie traurig dies Verstummen wirkt. Noch viel, viel stiller scheint es nun als zuvor: alles Leben ist erloschen. Und nun stürzen mir die heißen, bitteren Tränen stromweise aus den Augen. Das ist der Tod, das ist das Ende von allem Leben, das ist der Ausgang, der unvermeidbare von allem Schönen! Ewiger Tod! Und ich floh!«

Die von der Begegnung mit dem Tod ausgelöste Angst, der auch immer notwendig die Sorge um den eigenen Tod beigemengt ist, lösen bei dem Kind Gedanken und Fragen aus, denen Erwachsene nicht ausweichen dürfen. Wenn das Thema Tod in der Familie tabuisiert wird, setzt sich bei dem Kind leicht der Verdacht fest, man wolle ihm etwas Furchtbares und Schreckliches verheimlichen. Aus der psychotherapeutischen Praxis sind genug Fälle bekannt, in denen intellektuell und affektiv unbewältigte Kindheitserlebnisse zum Thema Tod schwere seelische Traumen im Erwachsenenalter setzten.

Es ist oft festgestellt worden, daß der moderne Mensch ein unreifes und unabgeklärtes Verhältnis zum Tod hat, daß alles, was mit Sterben und Tod zu tun hat, ein peinliches Ärgernis darstellt, dessen Existenz so gut als möglich aus dem allgemeinen Bewußtsein ausgeblendet wird. Angesichts dieser Verdrängung der Realität des Todes in unserer Kultur, kann es kaum überraschen, daß auch in der Erziehung der Tod nicht thematisiert wird. Wenn die Realität des Todes in ihr Leben einbricht, trifft sie die Kinder völlig unvorbereitet und wehrlos. Wenn dagegen die Erfahrung des Todes, der Trauer über den Verlust eines geliebten Wesens und die Bewältigung des Schmerzes und seine Sinngebung stellvertretend an literarischen Vorbildern in Geschichten, in denen auch der Tod und das Sterben vorkommen, gemacht werden, gewinnt das Thema Tod eine Vertrautheit, die es der emotionalen und gedanklichen Bewältigung zugänglich macht. An Beispielen aus der älteren Literatur für

Kinder – ich erinnere beispielsweise an die Behandlung des Themas Tod in Roseggers »Als ich noch der Waldbauernbub war« und in De Amicis' »Cuore« – läßt sich dies gut zeigen. Kluges und Weises, Tröstendes und Erhebendes zu Zeit, Vergänglichkeit und Tod hat Karl-Philipp Moritz Kindern in seinem »ABC-Buch« und in seiner »Kinderlogik« zu sagen. Einen gerade für Kinder unverzichtbaren Zugang zum Thema Tod bieten Mythen aller Kulturkreise.

Aber nicht nur über die Literatur sollten wir das Thema Tod in den Horizont kindlichen Fühlens und Denkens rücken, sondern aktuelle Anlässe aufgreifend zu ertasten versuchen, welche seiner Aspekte für das Kind gerade von besonderem Interesse sind, und diese Fragen möglichst offen und freimütig besprechen. Daß wir dabei äußerst behutsam und einfühlsam vorgehen müssen, versteht sich von selbst; denn das volle Bewußtmachen dessen, was es heißt, tot zu sein, kann Angst auslösen und den denkenden Menschen in dunkle Abgründe stürzen, aber auch seelische und geistige Kräfte mobilisieren, um mit dieser Bedrohung fertig zu werden. In unserem philosophischen Gesprächskreis haben wir dieses Thema ausgehend von Passagen aus Platons »Apologie des Sokrates« und Swifts »Gullivers Reisen« erörtert und dabei metaphysische und ethische Probleme berührt. Ich berichtete den Kindern auch von den Phantasien von Kindern und Erwachsenen, sie könnten als Zuschauer ihrer eigenen Beerdigung mit Genugtuung die späte Reue der Hinterbliebenen über das an ihnen Versäumte auskosten. Dahinter verbirgt sich die grundsätzliche Frage, ob der menschliche Geist seine Nichtexistenz fassen kann, eine Frage, die u. a. Goethe und Freud verneint haben. Die Kinder glaubten, aufgrund folgender Argumente sich dafür entscheiden zu müssen, daß wir sehr wohl unsere eigene Nichtexistenz denken können: wir können dies ja auch für die Zeit, bevor wir geboren wurden; wir können uns unsere Beerdigung sehr wohl ohne uns als Zuschauer vorstellen, und es ist ein logischer Widerspruch, tot, d.h. ohne Körper und Empfindung und gleichzeitig Zuschauer des eigenen Todes zu sein. Wie sehr sie dieses Problem beschäftigte, zeigte sich darin, daß sie noch nach Wochen immer wieder einmal darauf zurückkamen. Ich halte die philosophische Erörterung von derartigen mit dem Phänomen des Todes zusammenhängenden Problemen übrigens auch für einen notwendigen Bestandteil der Arbeit mit suizidgefährdeten Jugendlichen.

Wahrheit in Geschichten und Bildern

»Dem, der nicht viel Verstand besitzt, die Wahrheit durch ein Bild zu sagen«, heißt es bei Friedrich Gellert, einem Dichter der deutschen Vorklassik, und ein arabisches Sprichwort lautet: »Die Fabel ist die Brücke zur Wahrheit«. Daß Wahrheit, Wissen und Weisheit nicht nur mittels abstrakter Begriffe zum Ausdruck gebracht werden können, sondern häufig sehr viel wirkungsvoller und überzeugender anhand von Geschichten, Gleichnissen, Bildern, ist eine Einsicht, die unserer Kultur weitgehend abhanden gekommen ist. Ein Kennzeichen unserer von der modernen Wissenschaft geprägten Kultur ist die immer weiter zunehmende Abstraktheit der Darstellungsweisen von Wirklichkeit. Was an Bildern in unserer Sprache noch lebendig ist, entstammt einer untergegangenen Welt, in der die Wirklichkeit und die gesellschaftlichen Verhältnisse noch unmittelbar sinnlich erfahrbar waren. Die Unanschaulichkeit unserer Sprache und die diesem Faktum korrespondierende Abstraktheit unseres Denkens bringen es mit sich, daß die Möglichkeit der Verständigung über komplexe Sachverhalte an immer anspruchsvollere Voraussetzungen geknüpft ist.

Die extreme Unanschaulichkeit der modernen Wissenschaft wird auch durch ihren Rückgriff auf Modelle und Analogien nicht aufgehoben. Es beweist nur, daß das menschliche Denken auf das Mittel der Darstellung unanschaulicher Sachverhalte in anschaulichen Bildern nicht verzichten kann.

153

Denn was sind Modelle anderes als Bilder, von denen eine Ähnlichkeitsbeziehung oder Analogie zu dem, wofür das Modell steht, unterstellt wird. In der Wissenschaft ist das Denken in Analogien äußerst hilfreich bei der Erklärung komplexer Phänomene. Harvey, der Entdecker des Blutkreislaufs, hat das Funktionieren des Herzens erst richtig verstanden, als er eine analogische Beziehung zur Pumpe herstellte, und Lord Rutherford förderte das Verständnis eines komplexen, hochabstrakten Sachverhalts, als er vorschlug, das Sonnensystem als Modell für das Atom heranzuziehen.

In allen traditionellen Kulturen spielt das Reden und Denken in Bildern und Geschichten eine zentrale Rolle. In ihnen wird ein Großteil des öffentlichen, also auch des philosophischen und religiösen Wissens einer menschlichen Gemeinschaft in Form von Mythen, Legenden, Fabeln, Sprichwörtern usf. aufbewahrt und an die nächste Generation weitergegeben. Der Mythos, der in archaischen Gesellschaften eine so große Bedeutung hat, ist, wie man gesagt hat, ein »Wissen in Erzählungen«, ist erzählte Welt-, Lebens- und Geschichtsdeutung.

Die Tradierung des in logisch diskursiver Form enkodierten Wissens in der modernen Welt stellt an diejenigen, die in diese abstraktsprachliche Kultur hineinwachsen, die allergrößten Anforderungen. In unseren Schulen, hat das in Geschichten, Gleichnissen, Bildern verschlüsselte Wissen kaum eine Heimat mehr. Eine kindgerechte Schule zu wollen, bedeutet auch, nach Wegen zu suchen, unseren Kindern Wissen und Einsichten auf Weisen zu vermitteln, die der Eigenart ihres Denkens entspricht. Ein guter Lehrer weiß, daß er, je jünger die Kinder sind, umso mehr Sachverhalte personifizierend und in erzählender Form verdeutlichen muß, daß er Unbekanntes durch Bekanntes erklären, abstrakte Sachverhalte anhand konkreter Fälle illustrieren und sich einer möglichst bildhaften und anschaulichen Sprache bedienen muß.

Kinder ziehen es vor, wie geistig untrainierte Menschen überhaupt, ihre Gedanken in erzählender Form und auf anschauliche Weise vorzutragen, Erlebnisse und Erfahrungen

zu schildern, konkrete Beispiele zu geben, um einen allgemein-
gültigen Gedanken auszudrücken. So kleidet ein Kind etwa den
Gedanken der Relativität und Perspektivität des Urteils über
»Gut« und »Böse« in die Form des Beispiels eines Baumes, der
für den müden Wanderer ein willkommener Schattenspender
und für den eiligen Autofahrer ein lästiges oder gefährliches
Hindernis darstellt. Diesem Kind stand zwar der Begriff der
Relativität des Urteils möglicherweise nicht zur Verfügung,
aber der gedankliche Sachverhalt, für den der Begriff steht, wird
anhand eines konkreten Beispiels treffend zum Ausruck
gebracht.

Es ist auch nicht unbedingt, wie Gellert meint, ein Mangel
an Verstand, der uns zu Bildern greifen läßt, um abstrakte
Sachverhalte darzustellen. Wie oft erleben wir umgekehrt, daß
unsere hochabstrakt denkenden Studenten oft in Verlegenheit
geraten, wenn sie ein einfaches Beispiel für das, was sie sagen
wollen, beibringen sollen. Die Rede, die sich in den Höhen der
Abstraktion bewegt, verliert sehr leicht den Kontakt zu dem,
wovon die Rede ist. Dies umso mehr, als Begriffe bekanntlich
umso leerer sind, je weiter ihr Umfang ist. Begriffe, die von
dem, der sie verwendet, nicht auf das, was sie repräsentieren
und wofür sie stehen, zurückgeführt werden können, sind wie
Falschgeld oder ungedeckte Schecks. Je weniger klar ein
Sachverhalt ist, umso größer ist die Versuchung, diese Unklar-
heit durch eine aufgeblasene Begrifflichkeit zu verschleiern.
Leider wird auch in unseren Schulen oft ein leerer Verbalismus
gezüchtet, der klarem Denken im Wege steht.

Wir müssen sehr auf der Hut sein, damit uns das nicht in
unseren philosophischen Gesprächen mit Kindern passiert; im
Vordergrund muß die unmittelbare Erfahrung, die konkrete
Anschauung, das leicht Faßbare stehen. Aus hochabstrakten
Begriffen herausgesponnene philosophische Spekulationen
haben hier nichts zu suchen. Sie würden die Köpfe der Kinder
nur verderben und einer Altklugheit Vorschub leisten, die wir ja
gerade verhindern wollen. Auch die großen Philosophen
denken konkret und entlang der unmittelbaren Erfahrung,
bevor sie sich in die Höhen der Abstraktion aufschwingen.

Auch in der Philosophie bilden elementare innere und äußere Erfahrungen das Ausgangsmaterial des Denkens.

Die Umgangssprache arbeitet mit anschaulichen Bildern, um unanschauliche, abstrakte Sachverhlate konkret-anschaulich auszudrücken; so wird z.B. die allgemeine Wahrheit, daß die Nachkommen den Eltern nacharten durch die anschauliche Redensart »Der Apfel fällt nicht weit vom Stamm« ausgedrückt, wobei natürlich die Analogie in den Beziehungen »Eltern : Stamm = Kind : Apfel« und »ähnlich sein: nicht weit fallen« besteht.

Die Fähigkeit, Analogien wahrzunehmen, die »Analogieempfänglichkeit«, ist für den Psychologen Hermann Rüppell der »Kern der kreativen Hochbegabungen«. Sie wird leider im Vergleich zum diskursiven Denken in der Schule zu wenig entwickelt. Dabei ist das bildhafte Denken allgemein eine besondere Stärke von Kindern. Für das Philosophieren mit Kindern bedeutet dies, daß wir anstatt ausschließlich mit begrifflich abstrakten Texten zu arbeiten, mit ihnen auch den »tieferen« Sinn in Sinngeschichten, Fabeln, Sprichwörtern, Gleichnissen u.a. aufspüren.

Um zu illustrieren, wie ganz einfache Geschichten sehr weitreichende philosophische Reflexionen auslösen können, gebe ich im folgenden zwei Beispiele, in denen die Grenzen menschlichen Wissens im allgemeinen und die Methodenbedingtheit und Perspektivität wissenschaftlicher Erkenntnis im besonderen höchst anschaulich zum Ausdruck gebracht werden:

Eine närrische Anekdote um Nasreddin Hodscha: Wie man Bäume an der Frucht erkennt:

Auf einem Spaziergang kam Nasreddin zu einem großen Baum. Er betrachtete ihn und fragte sich, was das für ein Baum sei. Schließlich warf er, um sich darüber klarzuwerden, einen Stein in die Äste, und der fiel alsbald wieder herunter. »Jetzt weiß ich's«, rief er aus, »was du bist! Ich erkenne dich leicht an der Frucht«.

Der englische Romancier Gilbert Keith Chesterton erzählt »die alte fruchtbare Fabel von den fünf Blinden, die vor einem

Elefanten stehen. Einer von ihnen bekommt den Rüssel zu fassen, und erklärt, der Elefant sei eine Art Schlange. Der zweite erwischt ein Bein und behauptet auf Tod und Leben, der Elefant sei eine Art Baum. Der dritte lehnt sich an ihn und erklärt ihn für eine Mauer. Der vierte ergreift den Schwanz und findet, er sei ein Seil. Der letzte schließlich gerät an die Stoßzähne und ist überzeugt, es seien gefährliche Pfähle«.

Texte als Gesprächsanlässe

Anlässe zum Philosophieren mit Kindern ergeben sich entweder spontan, wenn man zufällig im Gespräch oder aus Anlaß besonderer Ereignisse und Erlebnisse auf tiefere Fragen stößt. Die Erzählung eines Traums kann Anlaß sein, sich über das Wesen von Träumen und über die Wirklichkeit der Welt gemeinsam den Kopf zu zerbrechen, oder der Blick in den Sternenhimmel löst Fragen nach der Unendlichkeit, nach Raum und Zeit oder die Stellung des Menschen im Kosmos aus.

Wenn man das Philosophieren mit Kindern jedoch »institutionalisieren« will, benötigt man verläßliche Auslöser und Ansatzpunkte für Gespräche. Diese wollen absichtlich herbeigeführt und geplant werden. Gewöhnlich geschieht dies anhand von philosophisch gehaltvollen Texten. Die Mannigfaltigkeit der den Kindern kongenialen philosophischen Fragen und die Vielzahl der Beweggründe, über grundlegende Fragen nachzudenken, erfordern ein reichhaltiges Repertoire an Texten und Gesprächshilfen für das Philosophieren mit Kindern. Eltern und Lehrer haben in der Regel einen sehr weiten Begriff von Philosophie; sie erwarten von ihr Angebote zur Lebenshilfe, zur Förderung der Denkfähigkeit und Persönlichkeitsentwicklung, Religionsersatz, Erbauung, Bildung und vieles mehr. Je vielfältiger und reichhaltiger die Texte sind, die Nachdenken auslösen und Gespräche in Gang setzen können, umso mehr kann den Absichten der Erwachsenen und den unterschiedlichen Interessen, Kenntnissen und Denkniveaus der Kinder entsprochen werden.

Texte mit philosophischem Gehalt für Kinder sollten dem sprachlichen Fassungsvermögen der Kinder angemessen sein, überwiegend aus Dialogen bestehen, kurz und abwechslungsreich, tiefsinnig und hintergründig, phantasievoll und witzig sein und zum Nach- und Weiterdenken anregen. Je jünger die Kinder sind, umso mehr lieben sie Texte, die von Kindern und Tieren handeln oder Übernatürliches, Phantastisches und Abenteuerliches zum Gegenstand haben. Es bedarf außergewöhnlicher schriftstellerischer und denkerischer Fähigkeiten, um für Kinder geeignete philosophische Texte zu verfassen, was den Versuchen, selbst neue Texte zu verfertigen, relativ enge Grenzen setzt. Dies ist umso leichter zu verschmerzen, als an philosophisch gehaltvollen und literarisch gelungenen Texten kein Mangel herrscht. Manche potentiell brauchbaren philosophischen Texte lassen sich mit relativ geringer Mühe bearbeiten, um sie für Kinder vor allem sprachlich verständlicher zu machen. Es ist aber ratsam, vorliegende Texte nicht allzusehr zu vereinfachen, um nicht Gefahr zu laufen, sie zu trivialisieren, ihnen ihre Tiefe und Hintergründigkeit zu nehmen. Ein Text, der seine Geheimnisse zu leicht preisgibt, erfüllt kaum seine Funktion, spekulative Phantasie und offene Denkhorizonte freizusetzen.

Eigens für Kinder verfaßte philosophische Texte

Schon lange bevor amerikanische Philosophen wie Lipman, Matthews, Kolenda, Reed u. a. philosophische Texte für Kinder verfaßt haben, hat es nicht an derartigen Versuchen gefehlt. Ich erinnere hier nur an Erasmus von Rotterdam, der in seinen »Colloquia familiaria« Dialoge für Schüler auch über philosophische Themen geschrieben hat, die sich durch Gedankenreichtum und Witz auszeichnen. Es sind insbesondere die

Dialoge »Über das Lügen«, »Wort und Tat«, »Nutze die Zeit«, »Über die Ruhmsucht« und »Die Epikureer«, die sich zu bearbeiten lohnten.

Ein erstaunliches und bis heute nicht überholtes Büchlein zur Kinderphilosophie ist der »Versuch einer kleinen praktischen Kinderlogik welche auch zum Theil für Lehrer und Denker geschrieben ist« von 1786. Sein Verfasser ist Karl Philipp Moritz, ein Freund Goethes, dessen Kindheitserinnerungen an philosophische Urerlebnisse oben wiedergegeben sind. In der »Kinderlogik« wird »die große Kunst des Eintheilens und Ordnens, des Vergleichens und Unterscheidens, worauf die ganze Glückseligkeit des vernünftigen Menschen beruhet, auf eine angenehme und belehrende Art gelehrt«. Im Geist der Philosophie Kants werden in diesem philosophischen Kinderbuch auf dem Weg von der Anschauung zu den Begriffen und von den Begriffen zu den Urteilen auf elementare Weise und in knapper Form Gedanken u. a. zu folgenden Themen entwickelt: Denken und Handeln, Körper und Geist, Ding und Name, Natur und Kunst, Zeit und Ewigkeit, Leben und Tod, Spiel und Arbeit und schließlich das wahre menschliche Glück.

Lewis Carroll hat Kinderbücher (»Alice im Wunderland«, »Blick durch den Spiegel« und »Die Jagd nach dem Shark«) geschrieben, die wegen ihres philosophischen Hintersinns in der angelsächsischen Welt geradezu Kultbücher für Philosophen und Wissenschaftler geworden sind.

Ein Glücksfall in der philosophischen Literatur für Kinder stellen die Märchen und Geschichten von Kurd Laßwitz dar, in denen sich philosophischer Gedankenreichtum und Tiefsinn mit beachtlichen literarischen Qualitäten verbinden. Laßwitz, Gymnasialprofessor in Jena, geprägt vom Kant'schen Denken, schrieb um die Jahrhundertwende Geschichten, die m. E. auch heute noch geeignet sind, Kindern und Jugendlichen philosophische Denkanstöße zu geben. Hier seien genannt: »Das Lächeln des Glücks«, »Seifenblasen«, »Die Weltprojekte«, »Miriax, der Geisterseher« und vor allem »Prinzessin Jaja«, woraus ich im folgenden eine Kostprobe gebe:

»Ich will wissen«, rief sie aus, als sie allein war, »ob ich existiere oder nicht!« (Der König verfügt,) »daß es demnach in allen Königreichen auszuschreiben sei: Wem es gelinge, der Prinzessin Jaja von Drüberundrunter zu beweisen, daß sie existiere, der solle die Prinzessin haben und das halbe Königreich dazu. Der Prinz von Sensualien führte seinen Beweis mit großem Aufwand an Pracht und Schaukunst. Ein Orchester und ein Chor von tausend Stimmen brachte der Prinzessin ein Morgenkonzert; wenn sie das höre, so werde sie doch wohl merken, daß sie da sei. Da rief der Prinz: »Nun sehen Sie doch, daß sie existieren! Wie könnten sie sonst Ohrensausen und Funkensehen haben?« »Das beweist gar nichts«, entgegnete die Prinzessin. »Soviel weiß ich längst, es ist hier etwas, das hört, das riecht, das sieht. Ich rede sogar und... mir tun die Zehen weh. Aber daß ich es bin, daß ich existiere, ist etwas ganz anderes. Ich nehme mich nur wahr, wie ich mir erscheine, nicht wie ich bin. Es fehlt mir etwas, ich weiß nur nicht, was. Früher war ich Jaja, jetzt bin ich nicht mehr Jaja – ich bin zerflossen, zerstreut, zergangen in alle Dinge –, ich bin nicht ich, und wer mich wiederbringt, der soll mich haben. Da kam der Prinz von Intellektel...«

In den zwanziger Jahren dieses Jahrhunderts hat der Philosoph Walter Benjamin auch heute noch beachtenswerte Rundfunkbeiträge unter dem Titel »Aufklärung für Kinder« geschrieben, an denen man u. a. auch lernen kann, welchen Ton man gegenüber Kindern anschlagen soll, ohne in eine anbiedernde Kindertümelei zu verfallen.

Nicht unerwähnt bleiben soll das philosophische Kinderbuch aus der Feder von F. Schulz »Heidegger, der Geist am Wege. Eine Existenzphilosophie für Kinder ab 6 Jahren«.

Im Gegensatz zu den Pädagogen haben Schriftsteller oft ein feineres Gespür für die philosophische Ader von Kindern. Gareth Matthews gelingt es meisterhaft, den philosophischen Gehalt von Kinderbüchern wie denen von Frank Baum, Peter Bichsel, Ursula Wölfel, Michael Ende, Arnold Lobel u. a. zu explizieren. In der kinderphilosophischen Zeitschrift »Thinking« stellt er regelmäßig Kinderbücher in der Rubrik »Thinking in Stories« vor.

In Zusammenarbeit mit einem »Philosophischen Gesprächskreis« veröffentlicht der Hamburger »Verlag für Kinder und Eltern« internationale Kinderbücher, die mit der Absicht geschrieben werden, Kinder und Eltern zu philosophischem Nachdenken anzuregen. Die bisher erschienenen und geplanten Titel sind im Literaturverzeichnis aufgeführt.

Klassische philosophische Texte

Daß auch klassische philosophische Texte, wenn man sie behutsam bearbeitet, mit Gewinn für das Philosophieren mit Kindern herangezogen werden können, ließe sich unschwer zeigen an Passagen etwa aus Platons Dialogen zu den Fragen »Was heißt ›etwas erkennen‹?«, »Was ist Tapferkeit?«, »Was ist Gerechtigkeit?« oder »Was ist der Tod?«, aber auch an Texten vieler anderer Philosophen. Will man philosophieren lernen und lehren – und das gilt auch für das Philosophieren mit Kindern –, kommt man an den klassischen Texten nicht vorbei. Der Lernende soll an gültigen Mustern die Entwicklung eines philosophischen Gedankens nacherleben, den Beweisgang anhand einfacher Beispiele und Analogien nachvollziehen und wie auf einer Treppe von Stufe zu Stufe zu einer neuen, tieferen Einsicht geführt werden. Großartige Beispiele für die Einfachheit und Klarheit eines philosophischen Diskurses besitzen wir in den Dialogen des Philosophen George Berkeley (1685-1753), des »englischen Platon«. Es genüge eine kurze Leseprobe aus dem Dialog »Alcyphron«, um die Behauptung zu belegen, daß philosophische Texte u. U. älteren Kindern schon etwas zu sagen haben:

»Worin die Schönheit wahrnehmbarer Dinge besteht und wie sie wahrgenommen wird:

A. Sie müssen doch eine Vorstellung von der Schönheit

haben... und Sie wissen doch auch, daß man alles Schöne an und für sich liebt.

E. Haben alle Menschen denselben Begriff von Schönheit, finden also alle Menschen dasselbe Gesicht schön?

A. Schönheit scheint von... verschiedener Natur zu sein....Die Gesichtszüge eines Menschen haben verschiedene Wirkung auf verschiedene Menschen. Auf manche wirken sie schön, auf andere nicht. Aber vielleicht gibt es für andere Dinge eine feste Regel der Schönheit. Gibt es irgendwo auf der Erde menschlichen Geist ohne die Idee der Ordnung, der Harmonie, des Ebenmaßes, der Proportion?

E. ... Ich finde es leicht, wahrnehmbare Dinge zu betrachten...: Laß uns deshalb versuchen herauszufinden, was ihre Schönheit ist oder worin sie besteht...

A. Jeder weiß, daß Schönheit das ist, was gefällt.

E. Liegt also im Duft einer Rose oder im Geschmack eines Apfels Schönheit?

A. Keineswegs. Die Schönheit wird, um es genau zu sagen, nur mit dem Auge wahrgenommen.

E. Mann kann sie also nicht allgemein mit ›das, was gefällt‹ definieren. Wie können wir sie dann bestimmen oder definieren?

A. Daß die Schönheit in einem gewissen Verhältnis der Teile zueinander bestünde, das dem Auge gefiele. Ist dieses Maß-verhältnis, diese Proportion, bei allen Dingen ein und dasselbe, oder ist sie bei den verschiedenen Arten der Dinge verschieden? Verschieden, ohne Zweifel. Die Maßverhältnisse bei einem Ochsen, also das Verhältnis seines massigen Körpers zu seinem kurzen Hals, wären für ein Pferd nicht schön. Und wir können auch bei unbelebten Dingen beobachten, daß die Schönheit eines Tisches, eines Stuhls usw. in verschiedenen Maßverhältnissen besteht....

E. Aber ist ein Ding nicht dann vollkommen, wenn es dem Zweck, für des es gemacht wurde, entspricht?... Aber Teile miteinander vergleichen, sie als zu einem Ganzen gehörig anzusehen und dieses Ganze auf seinen Nutzen und seinen Zweck zu beziehen, das scheint doch das Werk der Vernunft zu sein, nicht wahr? Daher werden die Proportionen nicht durch den Gesichtssinn wahrgenommen, sondern nur durch die Vernunft mittels der Augen. Folglich ist die Schönheit nicht ein Gegenstand für das Auge, sondern für den Verstand. Das Auge allein kann also nicht sehen, daß ein Stuhl schön ist... Die Schönheit eines Stuhles kann also nur durch die Erkenntnis seines Zwecks erfaßt werden... Das aber kann nicht durch das Auge allein geschehen, sondern es ist auch die Wirkung des Urteils und der Vernunft. Es ist daher etwas Verschiedenes, ein Ding zu sehen und seine Schönheit erkennen«.

Diesen hier gekürzt wiedergegebenen Text haben wir mit etwa zwölfjährigen Kindern zur Grundlage eines Gesprächs gemacht. Es führte nach Klärung einiger sachlicher und sprachlicher Dunkelheiten nicht nur tief in Probleme der Ästhetik, sondern darüber hinaus in die Gefilde der Erkenntnistheorie. Ich glaube zuversichtlich sagen zu können, daß es den Kindern bleibende Einsichten von weittragender Bedeutung bescherte. (Die in diesem Textausschnitt zur Sprache kommende Subjektivität des ästhetischen Urteils wurde illustriert anhand einer Stelle aus Wielands »Abderiten«, in der sich die Abderiten über Schönheitsideale anderer Völker lustig machen).

Sehr großen Anklang fanden bei den Kindern philosophische Anekdoten, Sinngeschichten und Parabeln. Mit welcher Begeisterung haben unsere jugendlichen Dialogpartner Anekdoten, die sich um antike Philosophen wie Solon, Thales, Sokrates, Diogenes und anderen ranken, aufgenommen! Z. B.: »Oft sagte Sokrates beim Anblick des reichhaltigen Warenangebots zu sich selbst: ›wie zahlreich sind doch die Dinge, derer ich nicht bedarf!‹«

»Antisthenes wurde gefragt, was er von der Philosophie eigentlich profitiert habe. ›Ich verdanke ihr‹, sagte er, ›die Fähigkeit, mit mir selbst zu verkehren‹«.

»Als er (sc. Diogenes) einmal über einen ernsten Gegenstand sprach und ihm niemand Aufmerksamkeit schenkte, begann er plötzlich, wie ein Vogel zu zwitschern. Gleich umdrängten ihn die Leute, er aber machte ihnen Vorwürfe, daß sie sich bei jeder Art von Narrheit begeistert einfänden, während sie für wirkliche Probleme nur mattes Interesse zeigten«.

»Als er sich...sonnte, trat Alexander (der Große) an ihn heran und sagte: ›Fordere, was du wünschest‹, worauf Diogenes antwortete: ›Geh mir aus der Sonne‹«.

Zu der für Kinder geeigneten philosophischen Erzählliteratur zählen u. a. auch Passagen aus Wielands »Abderiten«, Voltaires Erzählungen, Swifts »Gullivers Reisen«, Saint Exupérys »Der kleine Prinz«, Martin Bubers »Geschichten des Chassidim« und, nicht zu vergessen, Weisheitsgeschichten aus der nah- und fernöstlichen Literatur wie z. B. die Sinngeschichten von Tschuang-tse und Lao-tse, des sufischen Mystikers Attar, des persischen Dichters Scheich Saadi und des modernen indischen Dichters Tagore, um nur einige zu nennen.

Sprichwörter und Verwandtes

Aber auch Sprichwörter, Sentenzen, Sinnsprüche, Aphorismen und sogar Comics sind geeignet, philosophische Gespräche in Gang zu setzen. Wir haben in unserer philosophischen Gesprächsrunde die Erfahrung gemacht, daß gerade Sprichwörter und Aphorismen mit ihrer sprachlichen Einfacheit und Prägnanz hochwirksame Auslöser von produktiven und auf das Wesentliche hinführenden Gedanken sind! Hier ein paar Beispiele aus dem schier unerschöpflichen Gedanken- und Erfahrungsgut der »Weisheit auf der Gasse« (»Es geht ungesehen und ungeachtet, viel Weisheit und Klugheit im Lande umher von Mund zu Mund«, Johann Michael Sailer, 1810):

Zum Thema »Wissen, Glauben, Denken«: »Glauben ist leichter als denken«: Ist Glauben leichter oder nur bequemer als Denken? Was macht das Denken schwierig? Was macht es anstrengend? Wie verwenden wir die Wörter »denken«, »glauben« und »wissen«? Worin liegt der Unterschied zwischen Denken und Glauben, zwischen Glauben und Wissen? Kann man etwas Falsches und Unwahres wissen? Wodurch wird Glauben zu Wissen? Woher kommt uns Menschen Wissen? Wie verläßlich ist das Wissen, das aus verschiedenen Quellen stammt?

Dazu eine Anekdote: »Ein junger Edelmann sagte zu seinem Mathematiklehrer, der ihm den Beweis für einen Lehrsatz führte: »Machen sie sich keine Mühe; geben Sie mir ihr Ehrenwort, daß der Lehrsatz richtig ist, und ich glaube Ihnen«. Eine Äußerung Klopstocks: »Wenn man ohne strenge Untersuchung annimmt, was andere meinen, so erlaubt man ihnen eine furchtbare Herrschaft über sich«.

In diesen Themenkreis fallen u. a. folgende Sprichwörter: »Wer glaubt, der denkt nicht«, »Meinen ist nicht Wissen«, »Meinen ist nicht weit von Lügen«, »Beweisen macht wahr«, »Besser zu wenig als zu viel glauben«, »Nur der weiß ein Ding recht, der den Grund und Ursache weiß«, »Besser nicht wissen als übel wissen«, »Der weiß viel, der weiß, daß er nichts weiß«, »Man muß viel wissen, um zu wissen, wie wenig man weiß«, »Wissen ohne Verstand ist Tand (wertlos)«, »Der Weise sucht die Wahrheit, der Narr hat sie gefunden«, »Je mehr einer weiß, desto bescheidener ist er«.

Ein anderes Beispiel: »Zum Thema Geld«: Wenn Kinder nicht schon selbst die scheinbar harmlose naive Frage stellen »Was ist das eigentlich - Geld?« kann man diese Frage durch einige Sprichwörter hervorlocken wie z.B. »Geld ist Dreck, aber Dreck ist kein Geld«, »Geld ist kein gut Speis, sagte der Bauer, mein Hund frißt lieber Wurst« (vgl. die Geschichte von König Midas, dem alles, was er berührte, zu Gold wurde). Fragen über Fragen über das Alltäglichste, das es gibt und das sich bei näherem Betrachten als etwas zutiefst Rätselhaftes erweist, vermögen diese beiden harmlosen Sprichwörter zum Geld auslösen: Wie kann man sich die Anfänge der Verwendung von Geld denken? Wie kann etwas, das »an sich« keinen (materiellen) Wert hat, einen solchen »annehmen«? Was ist ein Wert? Gibt es neben dem Geld andere Dinge, die ihre »Bedeutung« nicht »an sich« haben, sondern die ihnen »verliehen« wird? Was verleiht Geld seinen Wert? Wenn ich jemandem

Geld gebe, gebe ich ihm damit ein Versprechen, daß seine Forderungen gegen mich beglichen werden? Wie kann ich etwas versprechen, das andere leisten sollen? Welche Rolle spielt das Vertrauen des Geldgebenden und -nehmenden darein, daß dieses Versprechen auch eingehalten wird? Gibt es eine Garantie dafür?

Normalerweise stellen sich Erwachsene diese Frage nicht und wenn sie die Frage nach der »Natur« des Geldes beantworten sollen, kommen sie mit vordergründigen Ausführungen über Funktion und Erscheinungsweise des Geldes, die den Kern der Frage kaum berühren. Kinder sind im Gegensatz zu manchen Erwachsenen aber brennend daran interessiert, ein Phänomen »von Grund auf« zu verstehen. Mit Kindern über eine so schwierige Frage zu diskutieren, der der Erwachsene ebenso ratlos und perplex gegenübersteht wie das Kind, kann dem Erwachsenen, der sich für derart knifflige Fragen interessiert, ein tieferes Verständnis bescheren. Schließlich ist er ja in der Regel dabei auch auf Kinder angewiesen, da er so leicht keinen so aufgeschlossenen und bereitwilligen erwachsenen Gesprächspartner zur Erörterung dieser Frage finden dürfte!

Das »Deutsche Sprichwörter-Lexikon – Ein Hausschatz für das deutsche Volk«, von K. F.W. Wander, erstmalig 1866 erschienen, führt allein zum Stichwort Geld übrigens nicht weniger als 1420 Sprichwörter auf, von denen sich eine Reihe gut als Einstieg in die Erörterung von Fragen der praktischen Philosophie eignen.

Sachtexte

Schopenhauers Satz »Man kann nur durchdenken, was man weiß: aber man weiß auch nur, was man durchdacht hat« weist in seiner ersten Hälfte auf die Unverzichtbarkeit faktischen Wissens für das Philosophieren hin. »Philosophieren mit leerem Bauch« (Quine); ist nicht weniger problematisch, wenn man es mit Kindern betreibt, als wenn es Erwachsene tun. Das gemeinsame Nachdenken über eine Frage wird umso fruchtbarer sein, auf je mehr Sachwissen die Diskutanten zurückgreifen können. Was liegt also näher, als an den Interessen der Kinder etwa an verhaltensbiologischen, kosmologischen und ethnologischen Fragen anzuknüpfen? Mit leicht verständlichen Berichten aus der Forschung, wie etwa den »Gute-Nacht-Geschichten aus der Wissenschaft«, haben wir regelmäßig bei den Kindern einen großen Erfolg gehabt. Eltern sollten es sich zur Gewohnheit machen, Kinder über interessante Forschungsarbeiten, über die u. a. in der Presse berichtet wird, zu informieren oder mit ihnen gemeinsam wissenschaftliche Sendungen im Fernsehen verfolgen. »Philosophische« Fragen ergeben sich dabei oft wie von selbst.

Rätsel, Paradoxien, Denkspiele, Knobelaufgaben

Kinder haben, wie wir immer wieder feststellen konnten, ihre helle Freude an Denksportaufgaben, Rätseln und Gedankenpuzzles, zu deren Lösung Intelligenz, Phantasie und Hartnäckigkeit erforderlich sind. Deshalb haben wir die Kinder unserer philosophischen Gesprächsrunde am Ende regelmäßig mit einem »Kopfzerbrecher« entlassen, den wir in der Regel den bekannten Sammlungen von Knobelaufgaben entnommen haben. Besonders angetan haben es ihnen Ungereimtheiten oder Paradoxien, das heißt Aussagen, die einen Widerspruch in sich schließen: wie z. B. die folgenden: Epimenides, selbst ein Kreter, soll behauptet haben: »Alle Kreter lügen«. Hat er die Wahrheit gesprochen oder nicht?

Es ist nicht »in«, sich nach »In-und-out-Listen« zu richten.

Der Satz »Dieser Satz enthält sieben Wörter« ist falsch; seine Verneinung: »Dieser Satz enthält nicht sieben Wörter« müßte wahr sein, ist es aber merkwürdigerweise nicht!

Bei Carroll in »Alice im Spiegelland« heißt es: »Ich träume

vom Roten König. Doch der schläft und träumt von mir, die von ihm träumt, der von mir träumt. O je, das geht ewig so weiter«. Was ist Wirklichkeit?

Weitere hübsche Paradoxien wie das Galgenstrick-Paradox im Don Quixote, das Barbier-Paradox von Bertrand Russel u. a. werden in dem Buch von Martin Gardner mit dem Titel »Gotcha-Paradoxien für den Homo Ludens« beschrieben und analysiert.

Paradoxien in der Metaphysik werden von Kant in der »Kritik der reinen Vernunft« als Antinomien bezeichnet. Schopenhauer erörtert unter diesem Titel u. a. die Frage: »Hat die Welt einen Anfang?« »Sezzest du Anfang, so sezzest du Succesion, also Zeit, und diese gibt es nur in der Welt, sie ist in dieser, nicht die Welt in ihr. Denkst du den Anfang der Welt, so denkst du eine Zeit wo die Welt nicht war; sobald du aber Zeit denkst, denkst du auch die Welt; also willst du die Welt zugleich aufheben und sezzen. Dies ist der Widerspruch« (Manuskripte 48).

Bekanntlich faszinieren Kinder Rätsel jeder Art. Das gilt auch für philosophische Rätsel. Der Sammlung philosophischer Rätsel in Jay Rosenbergs »Philosophieren – ein Handbuch für Anfänger« entnehme ich zwei Beispiele, die uns thematisch an den Anfang unserer Überlegungen zum Philosophieren mit Kindern zurückführen:

»1. Man hat daraus, daß Kühe so scheu sind, geschlossen, ihre Augen seien so angelegt, daß sie Menschen und Tiere viel größer wahrnehmen, als sie in Wirklichkeit sind. Kommt Ihnen das wahrscheinlich vor?

2. Descartes schreibt: Aus großer Entfernung erscheinen uns Sterne oder andere Körper viel kleiner als sie sind. Wie nah müßten wir ihnen sein, damit sie uns in ihrer richtigen Größe erscheinen (das heißt, in der Größe, die sie tatsächlich haben)?«

Literatur

Texte und Materialien

Attar, Juwelen persischer Weisheit, Bern und München 1986

Baum, F., Der Zauberer von OOs, Hamburg 1984

Beimel, M. und B.Brüning (Hrsg.), Der Zaubertag und andere phantastische Geschichten für Kinder (eine Sammlung deutscher, amerikanischer und dänischer Kurzgeschichten für Grundschulkinder), in Vorber.

Benjamin, W., Aufklärung für Kinder, Frankfurt/M 1985

Beyer, H. u. A., Sprichwörterlexikon, München 1986

Bichsel, P., Kindergeschichten, Darmstadt u. Neuwied 1969

Brüning, B. u. U.Rossow, Der Tag ist eine Honigblüte, Hamburg 1987

Brüning, B. und I.Heiland, Fredericks Traum (für Kinder von 5–8 Jahren), mit Elternhandbuch, Hamburg 1986

Brüning, B. und I.Heiland, Nickis Abenteuer mit dem Himmel (für 10–12 jährige Kinder), in Vorber.

Buber, M., Die Erzählungen des Chassidim, Zürich 1949

Calvino, I., Italienische Märchen, Zürich 1984

Carroll, L., Alice im Wunderland, Frankfurt/M 1984

Carroll, L., Carrollogismen, Berlin 1987

Carroll. L., Alice im Spiegelland, Frankfurt/M 1984

de Mello, A., Warum der Schäfer jedes Wetter liebt – Weisheitsgeschichten, Freiburg i.Breisgau 1988

de Mello,A., Warum der Vogel singt – Geschichten für das richtige Leben, Freiburg i.Breisgau 1987

De Saint-Exupéry, A., Der kleine Prinz, München 1988

Den Mond kann man nicht stehlen – Beispielhafte Zen-Geschichten aus tausend Jahren, Bern 1986

Dithmar, R. (Hrsg.), Fabeln, Parabeln, Gleichnisse München 1988

Ende, M., Momo oder Die seltsame Geschichte von den Zeitdieben und von dem Kind, das den Menschen die gestohlene Zeit zurückbrachte, Stuttgart 1973

Erasmus von Rotterdam, Vertraute Gespräche, Darmstadt 1967

Fink, G. (Hrsg.), Spötter, Götter und Verrückte – Anekdoten aus der Alten Welt, Zürich 1987

Frank, G., Der türkische Eulenspiegel, Närrische Anekdoten um Nasredin Hodscha, Freiburg 1980

Freese, H.-L., Gedankenreisen – Philosophische Texte für Jugendliche und Neugierige, Hamburg 1990

Fynn, »Hallo, Mr. Gott, hier spricht Anna«, München 1988

Fynn, Anna schreibt an Mister Gott, München 1987

Gardner, M., Gotcha – Paradoxien für den Homo Ludens, München 1985

Gu Sehng – qing, Sprichwörter und Lehrgeschichten der Chinesen, Köln 1985

Hebel, J.P., Erzählungen des rheinischen Hausfreundes, Berlin 1958

Hesse, H., Legenden, Frankfurt/M. 1981

Hochkeppel, W., Denken als Spiel, München 1985

Ibn Tufail, Der Naturmensch – Ein philosophischer Robinson-Roman aus dem arabischen Mittelalter, Leipzig 1983

Kilian, S., Kinderkram – Kindergedankenbuch, Weinheim und Basel 1987

Kolakowski, L., Der Himmelschlüssel – Erbauliche Geschichten, München 1981

Kolenda, K., Ethik für die Jungend (ein Philosophiebuch für Jugendliche ab 14 Jahren), Hamburg 1986; dazu »Unterrrichtsmaterialien« von M.Beimel

Körner, A. und W. U. Friedrich, Der dicke große Fisch (für Kinder von 3–6 Jahren), Hamburg 1987

Lasswitz, K., Nie und immer, Leipzig o.J.

Lasswitz, K., Seifenblasen, Berlin 1901

Lasswitz, K., Traumkristalle, Berlin (Ost) 1982

Lipman, M., Harry Stottlemeiers Entdeckung, Hannover 1983

Lipman, M., Philosophieren mit Kindern: Pixie; und Handbuch zu Pixie, Übers. von D.Camhy, Wien 1986

Martens, E., Das Wahrheitsgebot – oder: Muß man immer die Wahrheit sagen?, Stuttgart 1983

Matthews, G.B., Philosophische Gespräche mit Kindern, Berlin 1989

Menninger ,K., Ali Baba und die 39 Kamele – Klassische Knobelgeschichten, München 1984

Moritz, K.-Ph., Neues ABC-Buch, Frankfurt/M 1980

Moritz, K.-Ph., Kinderlogik, Frankfurt/M 1980

Morris, I., 99 neunmalkluge Denkspiele, München 1985

Preuß, K.-H. (Hrsg.), Wie die Saurier laufen lernten – 84 Gute Nachtgeschichten aus der Wissenschaft, Frankfurt/1984

Reed, R., Rebeccas Gedanken, Hamburg 1986

Reed, R. und I.Heiland, Rebeccas Gedanken (für Kinder von 7–10 Jahren) mit Elternhandbuch, Hamburg 1986

Ritter, H., Das Meer der Seele – Mensch, Welt und Gott in den Geschichten des Fariduddin Attar, Leiden 1955

Rosegger, P., Waldheimat, Leipzig 1914

Rosegger, P. Als ich noch der Waldbauernbub war, Hamburg 1952

Sailer,J.M., Die Weisheit auf der Gasse, Nördlingen 1987

Scheich Saadi, Hundertundeine Geschichten aus dem Rosengarten, Zürich 1967

Schulz, F., Heidegger, der Geist am Wege. Eine Einführung in die Existenzphilosophie für Kinder ab 6 Jahren, Berlin 1980

Smullyan, R.M., Buch ohne Titel – Eine Sammlung von Paradoxa und Lebensrätseln, Braunschweig 1984

Swift, J., Gullivers Reisen, Leipzig 1948

Thurber, J., Die letzte Blume, Hamburg 1953

Tieck, H., Wenn ein Blatt sich bewegt, kann auch der Ast erzittern – Gedanken chinesischer Weiser, Wien 1961

Tschuang-tse, Dichtung und Weisheit, Leipzig o.J.

Voltaire, »Micromegas«, »Zadig oder das Schicksal«, »Die Ohren des Grafen von Chesterfield«, »Die Geschichte eines guten Brahmanen«, in: Sämtliche Romane und Erzählungen, Bd 1, Leipzig 1948

Wander, K.F.W.(Hrsg.), Deutsches Sprichwörter-Lexikon, Augsburg 1987

Weller,R. (Hrsg.), Lügen, lauter Lügen, Stuttgart 1981

Wittschier, M., Alle Kreter lügen...sprach der Kreter, Düsseldorf 1987

Woelfel, U., Neunundzwanzig verrückte Geschichten, Düsseldorf 1974

Zabeck, M.(Hrsg.), Keine Angst, lieber Gott ! – Was Kinder glauben, Bergisch-Gladbach 1987

Bibliographie

Borges, J.L., Gesammelte Werke, München 1981

Braine, M.D. und Rumain, B., Logical Reasoning, in: Flavell u. Markmann (Hrsg.), Handbook of Child Psychology, Bd. 3, New York 1984

Broughton, J., Development of Concepts of Self, Mind, Reality, and Knowledge, in: New Directions for Child Development 1, 1978

Brüning, B., Philosophieren mit sechs- bis achtjährigen Kindern in der außerschulischen Erziehung, Dissertation, Hamburg 1985

Brüning, B., Philosophieren mit Kindern (Informationsbroschüre mit Literaturangaben und Kontaktadressen), Hamburg 1987

Bühler, Ch., Kindheit und Jugend, Leipzig 1928

Bühler, K., Die geistige Entwicklung des Kindes, Jena 1930

Camhy, D.G., Philosophie für Kinder, in: Was Philosophinnen denken. Hrsg. von H.Bendkowski und B.Weißhaupt, Zürich 1983

Camhy, D.G., Die Praxis der Kinderphilosophie in Österreich. In: Zeitschrift für Didaktik der Philosophie. Themenheft: »Kinderphilosophie«, Heft 1, 1984

Camhy, D.G.(Hrsg.), Wenn Kinder philosophieren ..., Graz 1989

Damon, W. und Hart, D., The Development of Self-Understanding from Infancy through Adolescence, in: Child Development 53, 1982

Damon, W., Die soziale Welt des Kindes, Frankfurt/M 1984

Donaldson, M., Children's Mind, London 1978

Ebner-Eschenbach, M.v., Meine Kinderjahre, Weimar 1967

Ehrismann, Th., Das logische Schließen der Kinder im Alter von 3–10 Jahren, in: Archiv für die gesamte Psychologie 77, 1930

Evans,C., Philosophical Thinking: An Ally for Parental Values, in: Lipman und Sharp, Growing up with Philosophy, Philadelphia 1978

Epikur, Briefe, Sprüche, Werkfragmente, übers. u. hrsg. von H.Krautz, Stuttgart 1980

Fink, E., Grundphänomene des menschlichen Daseins, Freiburg/München 1979

Freese, H.-L., Förderkurse Philosophie für Hochbegabte im Alter von 8–13 Jahren, Abschlußbericht eines vom Bundesministerium für Bildung und Wissenschaft geförderten Projekts, Berlin 1987

Freese, H.-L., Die Beratung besonders begabter Kinder und Jugendlicher, ihrer Eltern und Lehrer, Abschlußbericht eines vom Bundesministerium für Bildung und Wissenschaft geförderten Projekts, Berlin 1987

Glatzel, M. und Martens, E., Philosophieren im Unterricht 5–10, München 1982

Goltz, B., Das Buch der Kindheit, Berlin 1905

Groethuysen, B., Das Kind und der Metaphysiker, in: Unter den Brücken der Metaphysik, Stuttgart 1968

Grosse, E., Father and Son, London 1988

Hansen, W., Die Entwicklung des kindlichen Weltbildes, München 1960

Hartman, S. G., Children's Philosophy of Life, Malmö 1985

Hughes, R., Ein Sturmwind auf Jamaica, Frankfurt, 1950

Hübner, K., Die Wahrheit des Mythos, München 1985

Jaspers, K., Einführung in die Philosophie, Zürich 1950

Jonas, H., Organismus und Freiheit – Ansätze zu einer philosophischen Biologie, Göttingen 1973

Katz, D., Gespräche mit Kindern, Berlin 1928

Köhler, B. und H. Schreier, Philosophie in der Grundschule, in: Zeitschrift für Didaktik der Philosophie. H.3, 1982

Kohlberg, L., Just Community Approach to Moral Education, in: Berkowitz, M. und Oser, F.(Hrsg), Moral Education, Hillsdale, N.J. 1985

Krogmann, W., Das »magische« Denken der Kinder, in: Zeitschrift für Pädagogische Psychologie 27, 1926

Kroh, O., Entwicklungspsychologie des Grundschulkindes, Berlin 1944

Kurz, I., Aus meinem Jugendland, Stuttgart 1918

Kügelgen, W.v., Jugenderinnerungen eines alten Mannes, Berlin 1914

Lickona, Th., Parents as Moral Educators, in: Berkowitz, M. und Oser, F.(Hrsg.), Moral Education, Hillsdale, N.J. 1985

Lipman, M. und Sharp, A.M., Growing up with Philosophy, Philadelphia 1978

Locke, J., Letters to Edward Clarke, London 1956

Matthews, G.B., Denkproben – Philosophische Ideen jüngerer Kinder, Berlin 1990

174

Martens, E., Kinderphilosophie – oder ist Motivation zum Philosophieren ein Scheinproblem? In: Zeitschrift für Didaktik der Philosophie, H.2, 1980

Mauthner, F., Wörterbuch der Philosophie, Leipzig 1924

Montaigne, M. de, Essais, Übers. von H. Lüthy, Zürich 1953

Moritz, K.Ph., Anton Reiser, Stuttgart 1972

Nohl, H., Die Philosophie in der Schule, in: Pädagogik aus dreißig Jahren, Frankfurt/M 1949

Pessoa, F., Das Buch der Unruhe, Frankfurt 1987

Piaget, J., Urteil und Denkprozeß des Kindes, Düsseldorf 1972

Piaget, J., Das Weltbild des Kindes, Stuttgart 1978

Piaget, J., Nachahmung, Spiel und Traum, Stuttgart 1969

Pirandello,L., Caos, Mindelheim 1987

Reed, R.F., Talking with Children, Denver 1983

Rest, J.R., Morality, in: Flavell u. Markmann (Hrsg.), Handbook of Child Psychology, Bd.3. New York 1984

Rombach, H., Die Gegenwart der Philosophie, München 1962

Rosenberg, J.F, Philosophieren – ein Handbuch für Anfänger, Frankfurt/M 1986

Scheffler, I., In Praise of Cognitive Emotions, in: Thinking. The Journal of Philosophy for Children, Vol.3, Nr.2, 1984

Schober, H. und I.Rentschler, Das Bild als Schein der Wirklichkeit, Augsburg 1988

Schopenhauer, A., Der handschriftliche Nachlaß, München 1985

Schultze, O., Philosophie in der Volksschule – Ein Unterrichtsversuch, in: Zeitschrift f.pädagogische Psychologie und experimentelle Pädagogik, 25.Jg. 1924, S.388–424

Selman, R., Die Entwicklung des sozialen Verstehens, Frankfurt/M 1984

Spaemann, R., Philosophie als institutionalisierte Naivität, in: Philosophisches Jahrbuch 81, 1974

Spitteler, C., Meine frühesten Erlebnisse, Jena 1914

Spranger, E., Psychologie des Jugendalters, Heidelberg 1949

Stern, E., Kind und Tod, in: Zeitschrift für Kinderforschung 41, 1933

Stern, W., Psychologie der frühen Kindheit, Leipzig 1927

Tagore, R., Eine Anthologie, Freiburg/Br., 1961

Thinking, the Journal of Philosophy for Children, Montclair,N.J.

Tolstoi, L., Kindheit, Knabenjahre, Jugendzeit, Berlin 1928

Vico, G., Vom Wesen und Weg der geistigen Bildung. Einl. u. Anm. v. C.F.v.Weizsäcker, Bad Godesberg 1947

Wellmann, H. M., The Child's Theory of Mind: The Development of Conceptions of Cognition, in: Yussen, S.R. (Hrsg.), The Growth of Reflection in Children, New York 1985

Werner, H., Einführung in die Entwicklungspsychologie, München 1953

Wolf, C., Störfall, Darmstadt 1987

Zeininger, K., Magische Geisteshaltung und kindliche Religion, in: Zeitschrift für Angewandte Psychologie 1929, Beiheft 47

Zeitschrift für Didaktik der Philosophie, 1/1984, Themenheft: Kinderphilosophie